Erma Bombeck

Vier Hände und ein Herz voll Liebe

Ins Deutsche übertragen
von Isabella Nadolny

BASTEI-LÜBBE-TASCHENBUCH
Band 10976

In diesem Buch sind viele Rufnamen.
Keiner ist echt, mit Ausnahme des Namens
meiner Mutter, die tatsächlich Erma heißt.
Eine Übereinstimmung mit *Ihrem*
Vornamen wäre rein zufällig.

Erma Bombeck

1. Auflage 1987
2. Auflage 1988
3. Auflage 1989
4. Auflage 1990
5. Auflage 1991
6. Auflage 1992
7. Auflage 1993
8. Auflage 1996

Titel der amerikanischen Originalausgabe:
Motherhood, The Second Oldest Profession
© 1983 by Erma Bombeck
© 1985 für die deutsche Ausgabe:
Gustav Lübbe Verlag GmbH, Bergisch Gladbach
Printed in Germany
Einbandgestaltung: Ingeborg Haun, Ismaning
Illustration: Ursula Zander
Druck und Bindung: Ebner Ulm
ISBN 3-404-10976-7

Der Preis dieses Bandes versteht sich einschließlich
der gesetzlichen Mehrwertsteuer

Inhaltsverzeichnis

Vorwort 7
So, so, Sie wollen Mutter werden? 12
Die Fernseh-Mütter 19
Wenn Vater Mutter spielt 24
Letzte Anstellung: Mutter 35
Die Muter aller anderen 40
Nesthäkchens erster Schultag 43
Schnuller-Pioniere 48
Wer ist schwerer aufzuziehen: ein Junge oder ein Mädchen? 51
Hochzeitslauf in 3 Stunden, 43 Minuten und 16 Sekunden 55
Haariges 61
Sharon, die vollkommene Mutter 66
Vom Amateur zum Profi: Louise und Estelle 69
Mein Ferienjob (von Laura Parsons, 11) 77
Die fünf größten amerikanischen Schriftstellerinnen (die zufällig Mütter sind!) 80
Die Spezialmutter 91
Ginny 94
Do you speak Deutsch? 100
Dottie: Gleiches Recht für alle 103
Chaos-Kids 107

Brooke und ihr Musterknabe 111
Für Krisen geboren 116
Cora: Was lange währt . . . 120
Stiefmütter mit schlechtem Ruf 125
Auf der Suche nach der »echten Mutter« 136
Fünf klassische Mütter-Ansprachen 141
Sarah, die Kinderlose 151
Das Vorbild 157
Wem es zu heiß wird,
der schalte den Herd aus . . . 164
Zum kleinen Hund gehört
ein kleiner Herr – oder? 168
Treva und die andere Großmutter 171
Ein anonymer Brief 178
Frühstück am Muttertag 181
Niemand zu Hause? 183
Mutters Verfehlungen 187
Ach, nehmt ihr sie doch mal zu euch . . . 190
Weihnachtsstimmung – und was sie kostet 199
Mary, das Einhorn 204
Wenn die Zeit kommt . . . 211
Erma 217
Epilog 222

Vorwort

Ich gehöre zu den Glücklichen, welche die Mutterrolle bereits mit gewissen Berufserfahrungen übernahmen.
Ich besaß drei Jahre lang einen Yorkshire-Terrier. Mit zehn Monaten blieben meine Kinder »bei Fuß«. Mit einem Jahr konnten sie ein Frisbee aus der Luft mit den Zähnen auffangen.
Mit fünfzehn Monaten, nachdem ich sie wochenlang mit der Nase hineingestupst und dann vor die Tür gesetzt hatte, waren sie sauber und machten nur noch auf Papier.
Manche Frauen waren vom Glück nicht so begünstigt und auch weniger realistisch. Sie betrachteten das Mutterdasein aus sicherer Entfernung.
Auf einem »Baby-Shower«, dem Fest, bei dem man Geschenke für das künftige Kind bringt, sagte eine werdende Mutter neulich abends empört: »Habt ihr schon diese Geschichte in der Zeitung gelesen, daß eine Frau eines ihrer Kinder auf der Toilette eines Waschsalons vergessen hat? So etwas nennt sich nun Mutter! Unglaublich ist so etwas! Was kann das schon für eine Mutter sein, die...«
Was kann das schon für eine Mutter sein, die...

Dieser Satz ist mir bestens vertraut. Vor zehn Jahren, als ich noch keine drei Kinder hatte, benutzte ich ihn selbst – mit genau der richtigen Mischung aus Vorwurf und Entsetzen.
Mittlerweile sind mir sieben Mütter bekannt, die eben das versucht haben.
Mutter – das war von alters her ein Begriff, gleichbedeutend mit Liebe, Hingabe und Aufopferung. An Müttern war immer etwas Mystisches, Ehrfurchtheischendes. Sie waren Vorbilder, unfehlbar, tugendhaft, ohne Furcht und Tadel und unbefleckt von der Erbsünde, unfähig zu gemischten Gefühlen.
Gleich nach der Entbindung verläßt jede junge Mutter mühsam ihr Bett und erklimmt unbeholfen das für sie bereitstehende Podest.
Einige passen sich dem erhabenen Image mühelos an. Sie lernen die einschlägigen Schmeicheleien zu schätzen und sonnen sich am Muttertag in den Huldigungen der in hellen Scharen Herbeiströmenden.
Einige jedoch können die Höhe nicht vertragen, springen ab und werden nie wieder gesehen.
Die meisten Mütter aber versuchen einfach herauszukriegen, was von ihnen erwartet wird und wie sie es vor aller Augen tun können. Mutterschaft ist der zweitälteste Beruf der Welt. Er fragt nicht nach Alter, Körpergröße, religiösen Bindungen, nach Gesundheitszustand, politischer Überzeugung, Nationalität, Moral, Rasse, Familienstand, Wirtschaftslage, Geneigtheit oder vorheriger Erfahrung.

Es ist der größte Einarbeitungs-Job, den es heutzutage gibt. Muttersein aber »ist nicht für alle Größen passend«, ist keine Gußform, die alle umschließt, und bedeutet durchaus nicht das gleiche für alle.
Einige Mütter klatschen Beifall, wenn ihr Kind verdaut. Andere regen sich erst auf, wenn die Tochter ein Verhältnis anfängt. Einige Mütter haben derartige Schuldkomplexe, daß sei keinen Kaugummi in den Mund stecken können ohne den Wunsch, ihn zu teilen. Andere Mütter denken sich nichts dabei, ihrem Kind zu sagen, das ganze Säckchen Nikolaus-Plätzchen sei voller Ameisen – um sie dann selbst zu essen.
Manche Mütter weinen, wenn ihre dreißigjährige Tochter fortzieht, und folgen ihr in die neue Wohnung. Andere Mütter verkaufen das Bett ihres zwölfjährigen Sohnes, wenn er auf einem längeren Pfadfindertreffen ist.
Mir war nie so recht wohl, wenn ich Artikel las, die mich als Krankenschwester, Chauffeuse, Köchin, Haushälterin, Bankmanagerin, Beraterin, Philosophin, Gouvernante, Lehrerin und Gastgeberin priesen. Offenbar las ich solche Artikel immer dann, wenn ich den ganzen Vormittag gestrickt, den ganzen Nachmittag im Bett gelegen, zum Abendessen eine fertige Pizza gekauft hatte und um halb elf unter Kopfschmerzen litt.
Lange Zeit hatte ich Angst davor, über diesen Kontrast zu lachen, denn es konnte ja sein, daß niemand mitlachte.
Um die Antwort auf die Frage vorwegzunehmen,

welche der vielen in diesem Buch beschriebenen Mütter ich denn selbst sei, sage ich es Ihnen gleich: In mir ist ein bißchen von allen. Roses Humor, Janets Frust, Marys Unwissenheit – ach ja, und Coras Angst.
Sie sind alle miteinander in jeder Hinsicht »wirklich«. Es sind keine namenlosen, gesichtslosen Stereotypen, die einmal im Jahr auf Glückwunschkarten erscheinen – mit ein paar wohlgesetzten Zeilen Text darunter, der ihre guten Eigenschaften deutlich macht –, sondern Frauen, denen man die Spielkarten für ein ganzes Leben zugeteilt hat und die jede davon ausspielen, so gut sie können, eine nach der anderen. Keine Mutter ist immer nur gut oder nur schlecht, nur fröhlich oder nur ernst, immer nur verzeihend und niemals wütend. In ihren Adern kreist das ewige Einerseits-Andererseits.
Dieses Buch erscheint zu spät für Judy, eine junge Mutter Anfang Zwanzig, die ich vor einigen Jahren durch einen kurzen Briefwechsel kennenlernte. Judy saß in einem Gefängnis des Südens. Sie hatte das fürchterlichste aller Verbrechen begangen: sie hatte ihr Kind umgebracht. Von allem abgeschnitten, unfähig, sich mitzuteilen, lebte sie in Einzelhaft und in ihrer ganz privaten Hölle und las dort ein paar meiner früheren Bücher. Als sie sie mehrmals gelesen hatte, schrieb sie mir: »Wenn ich gewußt hätte, daß Mütter über solche Dinge lachen können, wäre ich vermutlich nicht da, wo ich heute bin.«
Sicher ist nur, daß es unter Ihnen wohl kaum

jemanden gibt, der nicht zu irgendeinem Zeitpunkt seines Lebens Antwort auf die Frage gefordert hätte: »Was kann das schon für eine Mutter sein, die . . .«
Der Satz ist alt, aus Naivität entstanden, aus Mißbilligung geboren und großspurig dahergeredet. Erst wenn man selber Mutter ist, wandelt sich das Urteil ganz langsam und wird zu Verständnis und Erbarmen.
Möge keine von Ihnen, die Sie dieses Buch lesen, über eine der geschilderten Mütter den Stab brechen, ehe sie nicht eine Weile in ihrer Haut gesteckt hat.

Erma Bombeck

So, so, Sie wollen Mutter werden?

Eine der lautesten Klagen bei der Mutterrolle betrifft das fehlende Training.
Man beginnt diese Rolle ausgestattet mit nichts als der Telefonnummer eines Windeldienstes, einer Polaroid-Kamera, einem roten Telefon zum Kinderarzt und einer totalen Ahnungslosigkeit, die nicht länger als fünfzehn Minuten anhält. Ich habe immer gefunden, daß man vor der Geburt viel zuviel Zeit hat und sie damit verbringt, zu lernen, wie man während der Entbindung mit dem Ehemann gleichzeitig ein- und ausatmet. (Als ich mein Baby bekam, kriegte man ein Spritze in die Hüfte und wachte erst wieder richtig auf, wenn das Gör mit der Schule anfing.) Dafür hat man zu wenig Zeit zum Bemuttern, wenn das Baby erst da ist.
Muttersein ist eine Kunst. Es ist töricht, eine Mutter für zwanzig Jahre mit einem Kind in die Arena zu schicken und zu erwarten, daß sie die Oberhand behält. Das Kind ist auf allen Gebieten im Vorteil. Es ist klein. Es ist lieb. Es kann die Tränenschleusen bei Bedarf öffnen wie einen Wasserhahn.
Schon immer hat es Schulen für Kinder gegeben. Dort verbringen sie neun bis sechzehn Jahre ihres

Lebens zusammen mit anderen Kindern, die mit ihnen die Erfahrung teilen, ein Kind zu sein und damit fertig zu werden. Sie leben in einer akademischen Atmosphäre, in der sie lernen, wie man Eltern manipuliert, um von ihnen zu kriegen, was man will. Die Kinder verbünden sich zu einer Interessengemeinschaft und koordinieren ihre Ideen: wie man den Wagen kriegt, wie man ein höheres Taschengeld herausschindet und wie man daheimbleibt, wenn die Eltern in Urlaub fahren. Ihr Einfluß ist in der ganzen Welt spürbar. Ohne auch nur einen Pfennig beizusteuern, besitzen sie mehr Eisbuden, mehr Spielplätze, mehr Amüsierparks und Sportplätze, als jede andere Gruppe es je zuwege bringt.
Nirgends zahlen sie den vollen Eintrittspreis.
Wie sie es nur schaffen?
Sie sind schlau. Sie sind gebildet.
Manche Leute glauben, Mütter sollten sich zu einer Gewerkschaft zusammenschließen. Ich glaube, daß Ausbildung die Lösung ist: Wenn wir erst wissen, *was* man tun kann und *wie* man es macht, können wir überleben.
Vorläufig bleibt das ein Traum. Eines Tages aber wird es eine Schule für junge Mütter geben, die den Beruf auf eine wissenschaftliche Ebene heben wird. Was hätte ich zum Beispiel für eine Schule gegeben, deren Vorlesungsverzeichnis so aussieht:

Kreatives Nörgeln

Lernen Sie von einschlägigen Fachkräften, wie man Blickkontakt durch eine Badezimmertür herstellt, einen Studenten zum Weinen bringt und ein Kind so weit bekommt, einem einen Scheck dafür auszuschreiben, daß man es zur Welt gebracht hat. Mehr als 1000 Anlässe, ein Kind auf Lebenszeit unglücklich zu machen, werden garantiert. Das übliche »Sitz gerade oder du kriegst einen Buckel« und »Dein Aquarium hat eben Feuer gefangen« sind langweilig und haben einen Bart. Kreatives Nörgeln verschafft Ihnen Beachtung.
Ein Übungskind wird gestellt.

Seminar für Sparer

Keine Frau darf sich Mutter nennen, ehe sie nicht gelernt hat, wie man spart und hortet. Hamstern und Beiseiteschaffen ist nicht – wie früher angenommen – ein angeborenes Talent. Es ist erlernbar. Finden Sie heraus, wo man dreißig Pfund Paketgummis von Brot- und Plätzchenpackungen aufheben kann, alte Malbücher aus der Volksschule und Stiefel mit einem Loch in der Kappe. Lernen Sie, wie man dadurch für jede Gelegenheit einen Vorrat an Geschenkpackungen hat, daß man sie anderen Menschen aus der Hand reißt, ehe diese das Geschenk ausgepackt haben. Lernen Sie, warum sich Kleiderbügel in dunklen Schränken vermehren, und beobachten Sie sie bei der Fortpflanzung.

Nur für Erwachsene!

Kapitalanlage und deren Rückerstattung durch Ihre Kinder

Es wird freimütig darüber diskutiert, wie man Kinder zu der Überzeugung bekehrt, daß sie einem etwas schulden. Täglich lassen sich Mütter Gelegenheiten, schlechtes Gewissen bei den Kindern zu erzeugen, durch die Finger rinnen, ohne es zu bemerken. Ein Kind, dem aufgetragen wurde: »Ruf gleich an, wenn du angekommen bist«, und das das nicht tut, kann man jahrelang dafür büßen lassen. Finden Sie heraus, *wie*.
Besondere Aufmerksamkeit wird dem Muttertag gewidmet und dem Kind, das einmal einen 40-Dollar-Angorapulli einem Mädchen schenkte, das es erst zwei Wochen kannte, während das Mütterlein einen Karton Badeseife in Form von Seepferdchen bekam.
Begrenzte Teilnehmerzahl.

Vollkommenheit. Wie man sie erreicht und seine Kinder überzeugt, daß man sie erreicht hat

Die Kunst, niemals einen Fehler zu machen, ist für die Beherrschung der Mutterrolle von entscheidender Bedeutung. Um erfolgreich wirken und sich den Respekt verschaffen zu können, den eine Mutter braucht, um ihr Amt auszuüben, muß sie ihre Kinder glauben machen, daß sie
— nie etwas mit Sex zu tun hatte,

- nie eine falsche Entscheidung getroffen hat,
- nie der eigenen Mutter auch nur eine Sekunde lang Sorgen gemacht hat,
- nie ein Kind war.

Zugelassen zu diesem Lehrgang sind nur diejenigen, die schon den Kurs »Geheimnis des Madonnengesichts« belegt hatten.

Rechte der Mütter

Lernen Sie Ihre Rechte kennen! Wird von Ihnen verlangt, Wäsche zu transportieren, die länger als sechzig Tage in der Waschküche gelegen hat?
Sind Sie berechtigt, eine Schlafzimmertür mit dem Schraubenzieher zu öffnen, oder gilt das als unbefugtes Eindringen?
Dürfen Sie ein Kind an der Autobahn aussetzen, das 1000 km lang Papis Fahrersitz von hinten mit den Füßen traktiert hat?
Werden Sie wegen böswilligen Verlassens angeklagt, wenn Sie umziehen und Ihrem erwachsenen Sohn nicht mitteilen, wohin?
Ein Forum juristischer Fachkräfte wird sich mit der Frage befassen, wieweit die Anleihe von 600 Dollar von einem zwei Monate alten Baby für die Eltern verbindlich ist, falls keine Zeugen anwesend waren.

Die Geschichte des Argwohns und seine Auswirkungen auf die Wechseljahre

Auf allgemeinen Wunsch nehmen wir diesen Kurs für ältere Mütter nochmals ins Programm auf.
Woran merkt man, ob ein Kind die Wahrheit sagt, wenn seine Nase nicht mehr wächst?
Folgende Beispielfälle für Argwohn werden diskutiert:
Hat Marlene tatsächlich eine Bibel auf ihren Fuß fallen lassen, und war es ihr dadurch unmöglich, den Brief an die Eltern zur Post zu bringen?
Sind tatsächlich 20 Dollar aus Ihrem Portemonnaie gefallen, und Ihr Sohn hat sie gefunden und behalten, weil er nicht wußte, wem sie gehören?
Lag Ihr Sohn tatsächlich im Bett und sah im Fernsehen *Hamlet*, als er Lärm hörte und beim Aufstehen feststellte, daß 200 Unbekannte im Haus eine Party abhielten und Daddys Bier austranken?
Ärztliche Untersuchung vor Kursbeginn ist unerläßlich.

Drohungen und Versprechungen

Vier amüsante Kursabende über abschreckende Drohungen und leere Versprechungen und wie man die Kinder für den Rest ihres Lebens damit ängstigt.
Dankschreiben von Teilnehmerinnen nach Abschluß des Kurses. Eine Mutter, die ihre Tochter gewarnt hatte, wenn sie mit Streichhölzern spielte, würde sie nachts ins Bett machen, wußte

zu berichten, daß das Kind sich erst mit fünfunddreißig getraute, das Backrohr anzuzünden.
Eilt sehr! Teilnehmerzahl begrenzt!

Bekanntmachung:
Schuldgefühle, ein Geschenk fürs Leben

Dieser Kurs fällt aus, bis ein neuer Kursleiter gefunden ist. Dr. Volland gab an, seine Mutter finde, er habe keine Veranlassung, andere Leute zu unterrichten, solange er sich so wenig um seine eigene Mutter kümmere.

Die Fernseh-Mütter

Zusammen hatten sie 22 Kinder, 6 Ehemänner und 3 Dienstmädchen. Zwei Jahrzehnte hindurch, die ganzen fünfziger und sechziger Jahre waren sie für alle Mütter im ganzen Land richtungweisende Vorbilder.
Donna aus der *Donna Reed Show*
Harriet aus *Ozzie and Harriet*
Barbara aus *Leave It to Beaver*
Shirley aus *Die Partridge-Familie*
Marjorie aus *Make Room for Daddy*
Jane aus *Vater ist der Beste*
Florence aus *The Brady Bunch*
Beim Hausputz sahen sie besser aus als die meisten von uns am Hochzeitstag.
Sie bekamen nie Wut, nahmen nie zu, gaben nie mehr Geld aus, als ihre Männer verdienten, oder aber sie gaben den Zuschauern Grund zu der Annahme, sie lebten selbständig und im Zölibat.
Nie schrubbten sie eine Toilettenschüssel, hatten nie Küchenschaben im Haus, und niemand erfuhr je, was sie eigentlich die ganze Zeit taten, nachdem ihre Familien morgens das Haus verlassen hatten. Jede Woche wurde man in einer weiteren Fernseh-

folge Zeuge eines Wunders. Sieben von sieben Frauen erreichten – nachdem sie ihr Kind bekommen hatten – wieder ihre frühere schlanke Figur. Die Tugend, die ihnen allen gemeinsam war, hieß Geduld. Keine Situation war so traumatisch, daß sie sie nicht mit Milch und Plätzchen hätten kurieren können. Es gab kein Problem, das nicht in 24 Minuten hätte gelöst werden können (plus zwei Minuten Werbeeinschaltungen und zwei Minuten für Vorspann und Absage).
Ich habe mich oft gefragt, was in der Fernsehfolge losgewesen wäre, hätte eines ihrer Kinder auf der Schultoilette einen Mitschüler gegen den Handtuchspender geknallt und ihn um sein Taschengeld erleichtert. Dabei steht bei mir eisern fest:
Donna hätte eine Familienkonferenz einberufen,
Barbara wäre ihrem Ward bis an die Tür entgegengegangen und hätte nur gesagt: »Das Essen ist fertig.«
Shirley hätte ihrem Sprößling für eine Woche seine Bongo-Trommeln weggenommen,
Marjorie hätte ihren Nagellack gewechselt,
Harriet hätte ihren Ozzie nach Eis geschickt,
Jane hätte den Beklauten zum Essen eingeladen,
und Florence hätte ihren hauseigenen, altmodischen Lebkuchen gebacken.

Es war das Zeitalter der Gottesfurcht, der Mutterschaft, der Nationalfahne und des Apfelkuchens. Man brauchte nur eine Schürze vorzubinden, und schon war man eine Mutter.
Niemand konnte das besser als die hauptberufli-

chen Mütter. Ich gehörte zu den noch nicht ganz leistungskonformen hauptberuflichen Müttern.
Ich trug den ganzen Tag im Hause keine Strumpfhose und kannte auch niemanden, der es tat.
Meine Kinder waren von der Sorte, mit denen zu spielen die hauptamtlichen Mütter ihren Gören verboten, weil sie sonst in irgendeinen Schlamassel gerieten.
Ich bügelte nie die Schlafanzüge meines Mannes.
Wenn ich die Hand hob, um meinen Kindern das Haar aus den Augen zu streichen, zuckten sie zurück und riefen nach ihrem Rechtsanwalt.
Wir wußten alle, daß hauptamtliche Mütter zu gut waren, um wahr zu sein. (Ich gab einmal damit an, ich hätte einem Zuckerkranken das Leben dadurch gerettet, daß ich mich zwischen ihn und den Fernsehschirm warf, auf dem eine viel zu süße Mami erschien.) Du liebe Zeit, wie gern hätte ich selbst zu der Sorte gehört!

Über Jane habe ich mir mal eine ganze Geschichte zusammenphantasiert:
Sie hatte einen dieser entzückenden Tage, an denen alles schiefläuft und an denen man eigentlich im Bett bleiben sollte. Betty hatte sich ihren Pulli, den sie erst Weihnachten bekommen hatte, ausgeborgt und ihn total verschwitzt. Unter Buds Matratze, zwischen der Sprungfederauflage und dem Schoner, fand sie einen Kalender mit Aktfotos, und Kathy sprach schon seit drei Tagen kein Wort mit ihr. Ihre Mutter meinte, ihr raten zu müssen: »Du solltest wirklich etwas strenger mit

deinen Kindern sein.« Die Bank rief an und sagte, sie habe einen Scheck ausgeschrieben, nach dessen Einlösung ihr Konto überzogen sei.
Die chemische Reinigung rief an, um ihr mitzuteilen, daß von Jims Lieblingsjacke alle aufgebügelten Flicken abgegangen seien.
Irgendwer hatte mit einer Sprühdose obszöne Sprüche an ihren Gartenzaun geschrieben.
Meine Phantasiegeschichte endete damit, daß Jane mitten in dem ganzen Chaos stand und ein grobes Wort ausstieß, ehe sie zusammenbrach. Irgendwie tat mir das wohl.
Wie auch immer diese Fernsehmütter sonst waren, es gelang ihnen, deutlich zu machen, daß sie etwas Bedeutendes taten. Sie waren der Mittelpunkt der Familie und hielten das Ganze zusammen. Und das schafften sie in nur dreißig Minuten pro Woche.
Es waren die anderen, die nicht so perfekten Mütter, die Ende der sechziger Jahre gewisse Dinge zur Debatte stellten. Sie hatten etwas gegen die langen Arbeitstage. Gegen das Fehlen von Sozialleistungen. Gegen das Hol-und-Bring-Syndrom. Sie hatten etwas gegen die Frage: »Na, was hast du denn den ganzen Tag gemacht?« und etwas dagegen, daß die Antwort dann auf taube Ohren stieß.
War die Unzufriedenheit am Anfang wie eine leichte Bewegung des Wassers, so schlug sie während der siebziger Jahre immer höhere Wellen. In den achtziger Jahren waren die Dissidenten bereits eine Macht, mit der man sich auseinandersetzen mußte, da inzwischen 52 Prozent aller Mütter Stellungen angenommen hatten.

Was mag aus den Fernsehmüttern geworden sein? Aus Donna, Barbara, Shirley, Harriet, Marjorie, Jane und Florence? Sie wurden von einer Woge der Realität überspült und verschwanden.
Hie und da ist die eine oder andere bei Wiederholungssendungen am Nachmittag noch einmal zu sehen. Um diese Zeit sind kaum Mütter zu Hause, die in die Glotze schauen könnten. Meist sind es Schlüsselkinder, die vor dem Bildschirm Pizza essen und sich gewiß fragen, wer das denn da ist — diese Dinosaurier in Schürzen, die durchs Leben wandeln, weise lächeln und Milch eingießen.
Ironischerweise vermisse ich sie, trotz ihrer fürchterlichen Vollkommenheit, die einen auf die Palme treibt. Außerdem beneide ich sie ein kleines bißchen, denn sie schienen mir so ausgefüllt.
Ich frage mich, warum. Vielleicht, weil sie so gut dafür bezahlt wurden, eine Mutter zu sein, und weil ihre Saison nur 26 Wochen dauerte? Oder vielleicht, weil sie die Gören nur für dreißig Minuten pro Woche hatten und sie anschließend wieder dorthin zurückschicken konnten, wo sie herkamen?
Vielleicht auch, weil sie bei schwierigen Szenen einen kleinen Applaus bekamen.
Oder vielleicht — nur sehr vielleicht —, weil sie sich in den Stunden zwischen dem Wegfahren der Familie am Morgen und deren Rückkehr am Abend nicht dem wirklichen Leben stellen mußten. Diese vortrefflichen Mütter...
Ausblenden · Ende der Sendung · Ende der Ära...

Wenn Vater Mutter spielt

Am 15. Oktober 1979 wurde Frank Rutledge Mutter von Adam (14), Caroline (12) und Teddy (6) und dadurch die erste Mutter des Villenvorortes Rochester mit einem Schnurrbart.

Die neue Rolle war die Folge eines Gesprächs, das sechs Monate vorher stattgefunden hatte. Bei dieser Gelegenheit hatte Frank gestanden, er fühle sich in seiner Arbeit in der Werbefirma total unbefriedigt. Er habe sie mehr als satt, diese Cornflakes-Packungen, die Step tanzten, und diese Termiten in Ballettröckchen. Was er sich wünschte, war, einfach zu Hause zu bleiben und an seinem Roman weiterzuschreiben.

Ann, seine Frau, war ganz begeistert von seinem Entschluß. Sie hatte die sexuelle Revolution verpaßt, war für die Frauenbewegung zu spät dran, hatte ihre Selbstachtung den Kindern geopfert und lehnte es ab, mit ihrer Midlife-Crisis anzufangen, ehe sie nicht zehn Pfund abgenommen hatte. Die Vorstellung, irgendwohin zu gehen, wo sie nicht bei Tisch allen das Fleisch kleinschneiden mußte, reizte sie ungemein.

Die beiden kamen überein, es mal ein Jahr zu

versuchen. Ann wollte arbeiten gehen und Büroeinrichtungen verkaufen, und Frank würde zu Hause bleiben und schreiben. Es schien eine einfache Sache zu sein. Schließlich hatte ja auch der Präsident der Vereinigten Staaten jahrelang zu Hause gearbeitet. Dennoch gab es da einige bemerkenswerte Unterschiede.
1. Der Präsident der Vereinigten Staaten wurde beim Telefonieren auf höchster Ebene, das dem Lauf der Geschichte eine andere Richtung geben konnte, nie durch eine Stimme gestört, die rief: »Es ist kein Klopapier mehr da!«
2. Durch das Weiße Haus trotteten keine Kammerjäger und besprühten ihm die Füße mit Insektenvertilgungsmittel.
3. Die First Lady rief nie aus ihrem Büro im Zentrum an, um ihm folgende Anweisungen durchzugeben: »Geh in die Garage und kipp den Rasenmäher auf den Rücken, gleich unter dem rechten Mähmesser ist eine Seriennummer eingestanzt. Die schreib dir auf und gib sie der Reparaturwerkstatt, damit wir nicht wieder so dumm dastehen, wenn die Rasenschneiderei anfängt.«

Am 22. November, nachdem er einen Monat lang Hamster wieder eingefangen und tagelang nichts anderes gehört hatte als »Uiii, das sag ich aber«, riß Frank das leere Blatt aus der Schreibmaschine und faßte einen zweiten Entschluß. Nämlich den, das Schreiben des Romans auf später zu vertagen. Statt dessen wollte er ein Tagebuch über seine Erfahrungen als Hausmann verfassen.

Das würde sich verkaufen, soviel wußte er. Er konnte ja keine Buchhandlung betreten, ohne daß ihm ganze Regale voller Haushalts-Schnurren ins Auge fielen. Auf den Schutzumschlägen sah man verstörte Frauen, denen der Hund in die Fersen kniff. Und schließlich: Wie viele Männer hatten denn die Erfahrungen, die er eben jetzt machte? Es würde ein humorvolles Buch werden. Er wollte es nennen: »Frank und frei als Mutter«. (Gott, war der Titel himmlisch!)
Es darf nicht unerwähnt bleiben, daß am 22. November 1979 in Rochester im Staat New York der kälteste Winter der Geschichte einsetzte. Innerhalb von 6 Monaten fielen fast drei Meter Schnee.
Anfangs fand Frank den Schnee herrlich. An der Schreibmaschine sitzend, rief er eines der Kinder, die an seiner Tür vorbeitrabten, zu sich und erklärte geduldig, daß sich keine zwei Schneeflocken genau glichen. Er bestand sogar darauf, daß sie das Muster der Eisblumen auf den gefrorenen Scheiben nachzeichneten.
Am 3. Dezember wurde die Schule infolge »höherer Gewalt« geschlossen.
Die folgenden zehn Tage lastete auf Frank die Verantwortung dafür, daß sich drei Kinder nicht gegenseitig umbrachten. Er stellte fest, daß er kein Wort sagte, sondern ruhig zusah, wie Teddy sich einen Knopf tief in die Nase steckte. Auch als Caroline seinen Trauschein bunt ausmalte, sah er zu und konnte nur murmeln: »Nicht über'n Rand.«

Er beobachtete stumpfsinnig, wie der Lüster über dem Eßtisch ins Zittern geriet, weil Adam sein Bett als Trampolin benutzte. Das Haus war voll nasser Sachen, die überall trockneten, und roch wie ein nasses Meerschweinchen in der Brunft.
Am 30. Dezember 1979 hatte Frank nur drei Eintragungen in sein Tagebuch gekritzelt:
1. Es gibt keinen Gott.
2. Niedliche Anekdote über Teddy: Er kann nicht Spaghetti sagen. Nennt sie Gasphetti. Daran muß man noch arbeiten.
3. Ann hat mir zu Weihnachten eine Müllpresse geschenkt. (Das war durchgestrichen und mit einer Fußnote versehen: Nicht humoristisch genug!)
Danach gab es nur noch wenige Eintragungen.
15. Januar 1980: Daß man in Villenvororten einsam sei, ist eine Legende. Teddy hat nur Halbtagsunterricht und zieht sich zwischen 8 Uhr früh und Schlafengehen achtmal um. Er hat für alles ein passendes Kostüm, auch wenn er im Fernsehen Tao-Tao ansieht oder seiner Schwester in den Nachtisch spuckt. Ich bin seit vorigen Oktober nicht mehr allein im Badezimmer gewesen.
17. Januar: Ich muß noch viel lernen. Beverly, unsere Nachbarin, war hier und trank Kaffee, als ich anfing, den Tisch abzudecken und die Essensreste in den Mülleimer zu kratzen.
Sie sagte, daß man nichts gleich wegwerfen soll. Irgendwo stehe, daß man Abfälle erst dann vergraben soll, wenn die Zeit dafür reif ist. Und dafür muß man sie eine volle Woche aufheben.
26. Januar: Hab den neuen Leberpudding aus *Haus*

und Garten versucht. (Zubereitungszeit 16 Minuten, Rezept für sechs Personen.) Habe das ganze Wirtschaftsgeld für Pilze, Porree, Brie und Cabernet Sauvignon auf den Kopf gehauen. Ann hatte den Pudding schon zu Mittag in der Stadt gegessen. Carolines Lehrerin hat angerufen. Ich bin jetzt Aufsicht für den Aufenthaltsraum.

1. Februar: *Haus und Garten* hat gelogen. Das Rezept reicht für sechzehn Personen acht Tage lang. Beverly hat es auch gemacht, aber sie hat Lauch, Brie, Pilze und Leber weggelassen.

27. Februar: Ich fürchte, ich werde langsam verrückt. Jeden Tag werfe ich ungefähr ein Dutzend Paar Socken in die Waschtrommel, und sobald die Maschine abgestellt wird, ist von jedem Paar nur noch ein Socken übrig. Adam, Caroline und Teddy ärgern sich wegen der fehlenden Socken und wollen wissen, wo sie hingekommen sind. Ich habe gesagt, sie seien in den Himmel geflogen. Ich hasse meinen Job.

Im März und April machte Frank keine einzige Eintragung in sein Tagebuch. Im März starb das Haus. Es war kein schöner Tod. Genau an dem Abend, an dem Teddy sich mit Virusgrippe ins Bett legte, gab der Wäschetrockner den Geist auf, nachdem er drei Garnituren Bettwäsche ausgekotzt hatte. Zwei Tage später segnete die Waschmaschine das Zeitliche, gefolgt vom Heißwasserboiler, dem Staubsauger und dem Dampfbügeleisen. Die Autobatterie lief gerade an dem Tag leer, als Frank acht Volksschulkinder in den Zoo führte.

Dadurch kam er zu spät nach Hause, um noch *Das Krankenhaus am Rande der Stadt* zu sehen. Abgesehen davon merkte niemand, was er tat. Es war auch allen ganz egal. Eines Abends kam Ann mit drei Gästen zum Abendessen hereingeplatzt. Sie merkte nicht einmal, daß er sich die Gabel mit den verbogenen Zinken nahm.

Im April sollte eigentlich der Frühling in Rochester Einzug halten, aber er konnte wegen der Schneemassen nicht landen. Frank hatte nichts mehr, für das es sich lohnte zu leben. Keine Weiße Woche, keine Sonne zum Braunbrennen. Außerdem wurde er fett. Und die Kinder machten ihn ganz zappelig.

Eines Abends, als Ann eine ganze Woche nicht mit den Kindern gegessen hatte und sie beim Insbettgehen waren, sagte sie: »Hab ich dir schon erzählt, daß ich befördert worden bin und daß ich wahrscheinlich eine Erfolgsneurose habe?«

»Eine Neurose treibt sieben Krankheiten aus«, murmelte Frank.

»Ist was?« fragte sie.

»Nichts, was soll sein?« erwiderte Frank. »Alles ist tadellos. Ich kriege niemanden, der mir hilft, für Teddys Zeichenstunde vor Ostern Eier auszublasen. Ich komm am Telefon immer nur bis ›Wollen Sie mit mir sechs Eier aussaugen‹, da wird schon eingehängt. Adam ist der einzige Vierzehnjährige in ganz Nordamerika, der keinen Alligator auf dem Hemd hat, und du kommst so müde heim, daß du jeden Abend im Sessel einschläfst. Wir reden nie mehr miteinander!«

»Um was geht's denn?« fragte Ann müde. »Willst du das Haus renovieren?«
»Das fehlte noch!« sagte Frank. »Wirf mir ein paar neue Sofakissen her, und ich gehe.«
»Hör mal, warum läßt du dir nicht eine neue Frisur machen?«
Er kaute an einem Fingernagel. »Ich versuche, mir die Haare wachsen zu lassen. Hab ich dir doch gesagt.«
»Ich verstehe«, sagte Ann. »Komm, wir machen Urlaub, nur wir beide allein.«

17. Mai: Die Reise ging total daneben. Statt allein zu reisen, trafen wir ein Ehepaar aus Anns Büro. Sie und Phyllis redeten die ganze Nacht übers Geschäft. Jack war kinderlos. Er redete nur über Sport, seinen Job und sein Boot. Wir hatten nichts gemeinsam. Außerdem hatte ich Heimweh nach den Kindern und kürzte unseren Aufenthalt ab, um rechtzeitig zu Hause zu sein, wenn Caroline ihre Trommelparade hat. Sie hat den Stab nur einmal fallen lassen.
26. Mai: Mein Gott, wie ich mich langweile! Habe endlich den Christbaumschmuck weggeräumt. Beverly hat beschlossen, sich Frischzellen einsetzen zu lassen. Ich wollte, ich könnte etwas Einschneidendes unternehmen, um mein Aussehen zu ändern. Ich hab keinen Appetit und bin dauernd müde. Morgens ist mir ziemlich mies, und wenn ich es nicht besser wüßte, müßte ich annehmen . . . Mein Himmel, was sag ich da?
29. Mai: Die Schule ist jetzt für den ganzen Som-

mer aus. Beverly hat mir von einem wundervollen Ferienlager erzählt. Es liegt draußen auf dem Land und hat frische Luft und massenhaft Sportmöglichkeiten, um sich körperlich in Form zu bringen. Es dauert nur zwei Wochen, aber es hilft allen Teilnehmern, mit Gleichaltrigen zurechtzukommen und selbst etwas zu tun, statt nur bei Wettspielen zuzuschauen und den ganzen Nachmittag Popcorn zu knabbern.
Ich würde gern mitmachen, aber wer bleibt bei den Kindern?
24. August: Ich kann es kaum erwarten, daß Ann heimkommt und ich ihr über Reflexologie berichten kann. Eine Frau in dem Frisiersalon, in dem ich mir die Haare schneiden lasse, hat gesagt, daß ich meine Nebenhöhlen reinigen kann, indem ich die Unterseite meines großen Zehs reibe. Sie hat gesagt, daß jedes Organ in meinem Körper sich auf einen entsprechenden Punkt auf der Fußsohle projiziert.
25. August: Ann sagt, es sei normal, wenn einer dauernd dasitzt und mit seinen Füßen spielt. Wir haben eben keine Beziehung mehr zueinander. Was ich tue, ist für sie ohne jede Bedeutung.

Eines Abends, spät im November, knipste Frank die Küchenleuchte aus und ging langsam hinüber an den Eßtisch, wo Ann saß und Schecks für eingegangene Rechnungen ausstellte.
»Du bist blöd«, sagte sie in scharfem Ton. »Warum stellst du zum Geschirrwaschen nicht die Gören an?«

»Weil ich neulich abend ein angebackenes Gasphetti auf meinem Teller gefunden habe.«
»Na, wenn schon, da hat eben jemand nicht aufgepaßt.«
»Ann, wir benutzen die Teller jeden Abend und haben drei Wochen lang keine Gasphetti gegessen.«
»Du mußt eben lernen, dich durchzusetzen.«
»Ann«, sagte Frank nach langer Pause. »Schreib mir auch einen Scheck aus.«
»Wofür?«
»Für mich.«
»Frank, wozu brauchst du einen Scheck? Wenn du etwas haben willst, nimm es dir doch vom Haushaltsgeld.«
»Ich möchte das Gefühl haben, daß ich etwas wert bin.«
»Hör mal, das ist doch nicht dein Ernst«, sagte Ann und legte den Taschenrechner hin.
»Ist dir klar, daß ich vorige Woche einen Tag lang keine menschliche Stimme gehört habe? Überall, wo ich anrief, antwortete ein Band: in der Bank, in deinem Büro, in der Schule, und einmal war ich falsch verbunden. Wenn man sich früher mal verwählt hat, antwortete ein lebendes Wesen.«
»Du bist einfach übermüdet, Frank. Du solltest dich zwischendurch manchmal hinlegen.«
»Ich koche Essen, und irgendwer ißt es. Ich mache Betten, und irgendwer zerknautscht sie wieder. Ich scheure Böden, und irgendwer latscht mit Dreckstiefeln drüber. Es hört nie auf.«

»Ja, aber darin besteht doch nun mal der Job«, sagte Ann.
»Das ist kein Job«, sagte Frank. »Ich weiß noch, wie ich früher von der Arbeit heimkam und die Kinder sagten: ›Hallo, Dad!‹ Weißt du, was sie jetzt sagen? Sie kommen rein, schauen mir ins Gesicht und fragen: ›Jemand zu Hause?‹ *Ich bin doch da, verdammt noch mal! Ich bin doch auch wer!* Sie sehen mich gar nicht mehr als Person.«
Sie schüttelte den Kopf. »Schau dich um, Frank. Du hast ein schönes Heim, einen Garten, drei Kinder, kannst den ganzen Tag tun, was du willst. Du hast deinen eigenen Wagen, genügend Haushaltsgeräte, um einen Laden damit zu eröffnen, eine Frau die dich erhält und anderthalb Pfund Kreditkarten. Ich gebe auf! Ich weiß nicht, was ihr Männer immer wollt!«

Letzte Anstellung: Mutter

Connie hielt über dem Vordruck, mit dem sie sich um den Job bewerben wollte, plötzlich inne und rieb sich die Augen. Sie war müde. Sie hätte eben nicht so lange aufbleiben und das Ende der Schönheitskonkurrenz um den Titel der Miss Amerika anschauen sollen, aber es tat ihr nicht leid. Wie oft hat man schon Gelegenheit, dabeizusein, wenn Geschichte gemacht wird. Eine Miss Amerika, die nur 1,60 m groß war. Man stelle sich das vor! Es gab wirklich einen Gott.

Als sie sich wieder an das Ausfüllen des Formulars machte, sah sie, daß die Druckerschwärze auf beide Finger abgefärbt hatte. Sie hatte eben ihren Lidschatten verschmiert und sah vermutlich aus wie ein Waschbär.

All dies war Connie neu. Jeden Tag Strumpfhosen, die Tasche, die zu etwas paßte, die Creme, die sie gegen die Falten um die Augen herum auftrug in dem Bemühen, die von zwei Teenagern verursachten Schäden zu löschen, und natürlich auch ihre Diät: eine Scheidung und 700 Kalorien am Tag.

Letzte Anstellung? Connie konnte sich kaum daran erinnern.

Alter? Irgendwo zwischen Östrogen und Ableben.
Familienstand? Sie spuckte auf die Finger und versuchte, das Schwarze abzukriegen.
Connie war von Geburt an verheiratet gewesen. Sie und Martin hatten die Treuegelübde gleich nach dem Abitur getauscht. Sie taten alles genau nach Vorschrift. Kauften das Haus, bekamen die zwei geplanten Kinder, fuhren zu ermäßigten Sommerpreisen nach Florida und sparten zwei Jahre auf eine Gefriertruhe.
Sie war nicht glücklich, aber auch nicht unglücklich.
Und eines Tages, als sie eine Freundin zum Flughafen brachte, hörte sie zufällig eine Frau von ihrem eben verstorbenen Mann sprechen. Diese Frau sagte: »Das Haus ist so still. Keiner, mit dem man reden kann, keiner, der alles repariert, keiner, dessen Gegenwart man im Schlaf spürt ... keiner am Eßtisch, der das mit einem teilt, was man gekocht hat, und keiner, durch den man spürt, daß man lebt.«
Connie erstarrte.
Die Frau hatte eben ihr Leben mit Martin geschildert.
Nach der Scheidung versuchte sie es mit verschiedenen Jobs, die sich im eigenen Heim durchführen ließen: Babysitten für Bekannte, Haushüten für Nachbarn und Verkauf von Kosmetika per Telefon. (Ein dummer Witz so was! Sie konnte nicht einmal ein Schinkenbrot essen, solange sie Lip-Gloss aufgelegt hatte!)
Was sie brauchte, war eine Ganztagsstellung. Und

nach drei Monaten Klinkenputzen in einem Büro nach dem anderen machte sie eine bedeutungsvolle Entdeckung: Sie war für nichts tauglich und hatte kein Lebensziel.

Ein Lebensziel! Sie wünschte sich so sehr, eins zu haben, außer bei Hitze die Beine übereinanderschlagen zu können. Die Miss Arkansas gestern abend, die hatte eins, ein ganz großes. Sie wollte für den Weltfrieden arbeiten und in der ganzen Welt den Hunger ausrotten. Gerade wollte sie das hinschreiben, da hielt sie inne. Es klang vielleicht doch zu hochtrabend.

Connie atmete tief ein und überlas noch einmal ihr Resumee. Es hätte einen chronisch Schlaflosen eingeschläfert.

»Miss Sawyer läßt bitten«, sagte die Vorzimmerdame. Miss Sawyer sah aus wie alle Chefinnen in Personalabteilungen, die Connie im Lauf der letzten Monate kennengelernt hatte: Ihr Make-up war tadellos, ihr Haar sah aus wie ein ungemachtes Bett, und sie war zwölf, keinen Tag älter.

»Sie haben ja keine akademische Ausbildung«, sagte Miss Sawyer.

Connie räusperte sich. »Ich wollte ein paar Abendkurse belegen, konnte aber nie einen Parkplatz finden.«

»Ihre Erfahrungen sind nicht sehr umfassend«, stellte sie fest. »Haben Sie Computer-Vorkenntnisse?«

»Ich habe gleich nach der Schule geheiratet«, erwiderte Connie.

Miss Sawyer schüttelte den Kopf. »Ich fürchte, Sie

sind für keine unserer Abteilungen geeignet, aber wir werden Ihre Bewerbung im Auge behalten und Sie anrufen, wenn sich etwas ergibt.«
Sie griff nach dem Hörer (ihr persönlicher Trick) und deutete dadurch an, daß die Besprechung beendet sei.
Connie saß auf dem Parkplatz, den Kopf über das Steuerrad geneigt. Sie war zu wütend, um zu weinen. Für nichts geeignet. Und wer behauptete das? Ein Kind, das ihren eigenen Kindern nicht unähnlich war, behauptete das. Sie hätte zu diesem Teenager hinter dem Schreibtisch gern gesagt: Dich kenne ich. Und du kennst mich. Hab ich dich nicht auf dem Arm getragen, dich gestillt und dir den Hintern gepudert? Hab ich dich nicht gefüttert und zu deinen Geburtstagspartys Luftschlangen aufgehängt? Ich bin zu deinen Schüleraufführungen gegangen, habe dich fotografiert und am lautesten geklatscht. Ich hab deine Naturkunde-Ausstellungen besucht und bin stundenlang darin herumgestiefelt, während du erklärt hast, daß schimmeliges Brot Krebs heilen kann.
Ich habe dir beim Klavierspielen zugehört, habe dich vernünftig ernährt und dafür gesorgt, daß das Wirtschaftsgeld stimmte. Ich habe nähen gelernt und Haare schneiden. Ich habe an einem einzigen Tag tausend Entscheidungen getroffen, dich beraten, dich gesund erhalten und dir Geborgenheit geschenkt. Ich habe zugehört, was du erzähltest, mit dir gelacht, wenn du lachtest, mit dir geweint, wenn du weintest. Jetzt hängt mein

Leben in der Schwebe, und jetzt fragst du mich, wofür ich qualifiziert bin?
Zornig stieg Connie aus dem Wagen und ging zurück in das Büro. Dort stellte sie sich vor Miss Ungemachtes Bett.
»Haben Sie etwas vergessen?« fragte Miss Sawyer kalt.
»Ich habe vergessen, Ihnen zu erzählen, daß man mir heute morgen bei einer Befragung vorgeworfen hat, ich sei zu still. Und zwei Stunden später bei einer anderen, daß meine Augenbrauen eine negative Einstellung verraten. Dort wollte man auch wissen, ob ich unter Streß eine gute Autofahrerin sei. Man hat mir mitgeteilt, wenn ich den Bus-Führerschein machte und von und zum Flughafen fahren könne oder wenn ich Konfektionsgröße 9 hätte, könne ich Wagen vermieten. Vor einer Stunde hat ein Mädchen in der Reihe vor mir, deren I.Q. identisch war mit ihrem Brustumfang, den Job gekriegt. Jetzt will ich Ihnen mal sagen, wer ich bin, Miss Sawyer, und wofür ich qualifiziert bin: Ich bin eine Fünfundreißigjährige, die 17 Jahre lang den Beruf der Ehefrau und Mutter ausgeübt hat, und zwar ausgezeichnet. Wenn Sie mir freundlicherweise zwei weitere Formulare holen, werde ich darauf gern meine Talente und Vorkenntnisse aufführen!«

Die Mutter aller anderen

Die Mutter aller anderen. Sie hat keinen Namen. Im Telefonbuch steht sie nicht. Aber es gibt sie im Kopf jedes Kindes, das jemals versucht hat, seinen Willen durchzusetzen, als allerletzten Ausweg.
Die Mutter aller anderen entstammt den Seiten der griechischen Mythologie — sie ist geheimnisvoll, rätselhaft und von Legenden umrankt.
Sie ist der Wunschtraum jedes Kindes.
Herkömmliche Mutter: »Wenn du den Wagen nicht um elf heimbringst, kriegst du ihn den ganzen Monat nicht mehr.«
Die Mutter aller anderen: »Komm heim, wann immer dir danach ist.«
Herkömmliche Mutter: »Wenn ich dich diesen Bikini überhaupt anziehen lasse, dann nur unter einem Mantel.«
Die Mutter aller anderen: »Ja, zieh ihn nur an. Man ist nur einmal jung.«
Herkömmliche Mutter: »Du gehst in den Ferienkurs und damit basta.«
Die Mutter aller anderen: »Ich laß Harold ein Floß bauen und damit den Ohio hinunterschippern. Dabei lernt er schließlich auch was.«

Einige wenige Mütter haben den Versuch unternommen, herauszukriegen, wo denn diese geheimnisumwitterte Mutter wohnt und welche Ausbildung ihr zu ihrer Sachkenntnis bei der Kinderaufzucht verholfen hat. Sie wollten es genau wissen. Alles, was sie an Informationen erhalten konnten, trugen sie zusammen, und heraus kam folgendes: Soweit nachprüfbar, ist *die Mutter aller anderen* eine Kreuzung aus Belle Watling und Peter Pan. Sie liebt Schlangen als Haustiere, gemischtes Eis *vor* dem Essen und ungemachte Betten. Sie trägt *nie* Handschuhe an kalten Tagen und ist nie daheim. Sie geht niemals zum Zahnarzt, findet Hausaufgaben widerlich, räumt ihre Einkäufe nie in den Schrank, schläft morgens lange, raucht und tritt die Kippen mit dem Absatz in den Teppich. Sie ißt Cremehütchen zum Frühstück, trinkt Milch grundsätzlich aus der Packung, trägt, wenn sie in die Kirche geht, Turnschuhe, weil sie so schön bequem sind, wäscht nie ihren Wagen und besitzt keinen Regenschirm.

Die Mutter aller anderen ist sehr viel unterwegs, scheint sogar an verschiedenen Stellen gleichzeitig sein zu können. Wenn man meint, sie sei aus der Gegend weggezogen, taucht sie wieder auf. Sie urteilt rasch und hat mehr Entscheidungen getroffen als der Oberste Bundesgerichtshof in den letzten 200 Jahren. Sie hat nur ein Kind, das ein »wahrer Schatz« von einer Freundin für sie auf die Welt gebracht hat. Sie hat noch nie das Wort *Nein* benutzt.

Erschiene diese *Mutter aller anderen* bei einer Elternversammlung und gäbe sich zu erkennen – sie würde gelyncht.

Von Zeit zu Zeit wird die Existenz der *Mutter aller anderen* bezweifelt. Bei ihr handelt es sich vermutlich um ein Produkt von Wunschdenken. Gibt es sie wirklich?

O ja, Virginia, es gibt sie tatsächlich. Sie lebt im Herzen der Kinder in aller Welt, die glauben möchten, daß ein Erwachsener ihre Partei ergreift. Jemand, der sich daran erinnert, wie gern man irgendwann im Leben zu einer Gruppe gehören möchte, die das Verbotene nur deshalb tut, weil es verboten ist!

Daß man sie nie gesehen hat, beweist nicht, daß es sie nicht gibt. Gibt es nicht auch die Ungeheuer, die man in bösen Träumen sieht, und die Tiger, die in der Dunkelheit aufs Bett kriechen und verschwinden, wenn Licht gemacht wird?

Die *Mutter aller anderen* ist ganz real und ein paar Jahre lang eine fürchterliche Gegnerin für alle Mütter. Und eines Tages verschwindet sie. An ihre Stellen treten 90 Pfund (mehr oder minder) Rebellion und Unabhängigkeitsstreben, die sich auf Wortgefechte einlassen und selber sagen, was früher die *Mutter aller anderen* für sie gesagt hat.

Das nennt man Pubertät. Und in dieser Zeit gibt es nichts, was einen nicht mit Sehnsucht an die *Mutter aller anderen* denken läßt. Denn eigentlich war sie gar nicht so schlimm.

Nesthäkchens erster Schultag

Was Dina sagte:
»Also, Mike, ich weiß gar nicht, wovor du Angst hast. Mutter ist doch da, wenn du heimkommst. Du meine Güte, du darfst in einem so niedlichen kleinen gelben Bus fahren und hast deine eigene Frühstückstüte und deinen Namen auf dem Pullover. Was soll schon schiefgehen?
Du bist doch jetzt ein großer Junge und mußt dich auch so benehmen, und du lernst so viele neue Freunde kennen. Jetzt marsch, hinaus mit dir, und setz dich auf den Randstein, und stell dich nicht an wie ein kleines Kind. Wovor fürchtest du dich denn?«

Was Mike nicht sagte:
Ich weiß überhaupt nichts.
Ich hab neue Unterhosen, einen neuen Pulli, einen wackligen Zahn, und ich hab vorige Nacht nicht geschlafen.
Ich mach mir Sorgen.
Und wenn nun der Bus beim Anfahren ruckelt, wenn ich eingestiegen bin, und ich verlier das Gleichgewicht und zerreiß mir die Hose und alle lachen?

Und wenn ich nun mal Pipi muß, ehe wir in der Schule angekommen sind?
Und wenn eine Glocke läutet und alle gehen rein und ein Mann brüllt: ›In welche Klasse gehörst denn du?‹ und ich weiß es nicht?
Und wenn mir das Schuhband aufgeht und jemand sagt: ›Dein Schnürsenkel ist offen, und jetzt schauen wir mal alle zu, wie du ihn wieder zubindest‹?
Und wenn ich zu klein bin für die Tabletts in der Cafeteria und ich reich nicht rauf, und der Deckel von meiner Thermoskanne, wo meine Suppe drin ist, ist zu fest zugeschraubt, und wenn ich ihn aufmachen will, geht er kaputt?
Und wenn aber mein wackliger Zahn rausfällt, während wir alle mit gesenktem Kopf dasitzen und ganz still sein sollen? Und was ist, wenn die Lehrerin zur Klasse sagt, wir sollen alle verschwinden gehen, und ich muß nicht?
Und wenn mir heiß wird, und ich zieh die Strickjacke aus und jemand klaut sie?
Und wenn ich auf mein Namensschild Wasser spritze und mein Name geht ab, und keiner weiß mehr, wer ich bin? Wenn sie uns zum Spielen rausschicken und alle Schaukeln sind schon besetzt? Was mach ich dann?
Und wenn der Wind geht und mir alle wichtigen Papiere aus der Hand weht, die ich heimbringen soll?
Was ist, wenn die meinen Nachnamen falsch aussprechen und alle lachen?
Und wenn die Lehrerin die D's ganz anders macht, als die Mami mir beigebracht hat?

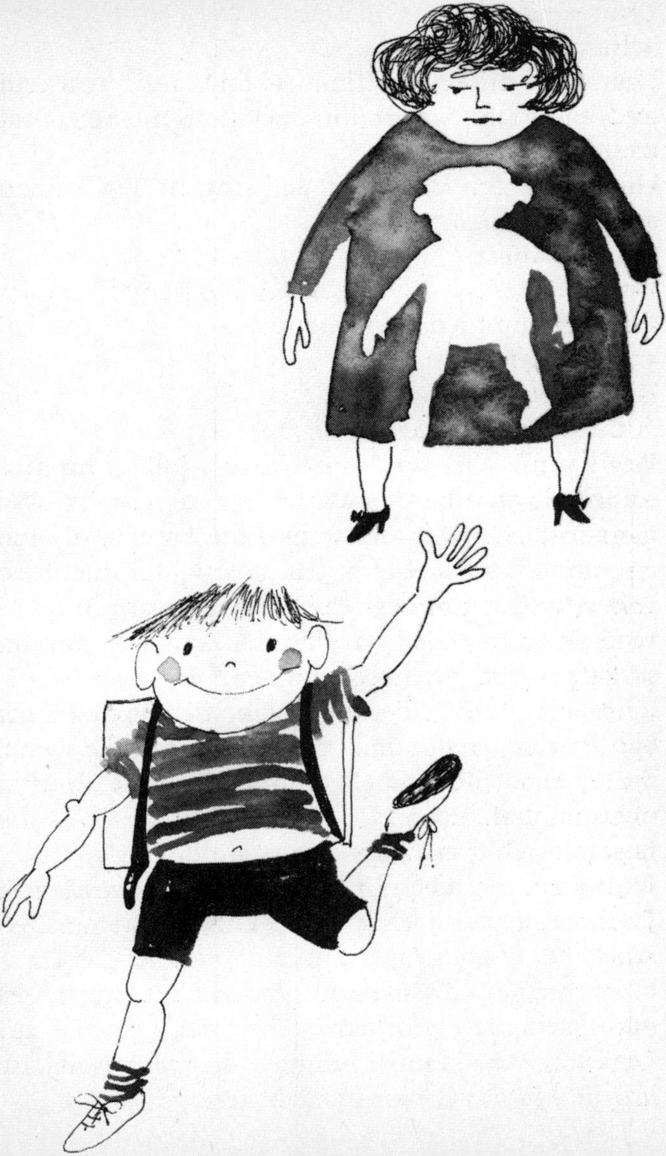

Wenn aber die Lehrerin alle auf ihre Plätze schickt, und ich bleib übrig?
Wenn aber die Fenster im Bus beschlagen sind, und ich weiß nicht, wo ich bin und wann meine Haltestelle kommt?
Und wenn ich vielleicht den ganzen Tag keinen einzigen Freund finde?
Ich hab Angst.

Was Mike statt dessen sagte:
»Wiedasehn.«

Was Dina nicht sagte:
Wie kann ich diesen Winzling in die Welt hinausschicken, ehe die Nabelschnur abgeheilt ist? Wo bleiben die Erleichterung und die Freude, die ich empfinden soll? Wenn ich doch bloß nicht so widerlich zu ihm gewesen wäre den ganzen Sommer. ›Verschwinde, geh draußen spielen! Komm, schlaf endlich. Wann wirst du endlich erwachsen?‹ Ich glaube, ich habe alles verkehrt gemacht. Ich hab zu viel geredet und zu wenig gesagt. Ich werde die Chance nicht noch einmal kriegen. Ab jetzt übernehmen andere.
Jetzt bin ich dran. Meine Entschuldigung für alles und jedes ist eben in den Schulbus gestiegen. Meine Entschuldigung dafür, daß ich keine Diät halte, keine Ganztagsstellung annehme, das Haus nicht gründlich saubermache, die Polstermöbel nicht neu beziehen lasse, nicht noch einmal zur Schule gehe, keine Ordnung in meinen Alltag bringe und das Backrohr nicht reinige.

Das Ende einer Ära ist da. Was mach ich nun die nächsten zwanzig Jahre?
Diese Wände haben mich die letzten paar Jahre so sicher umschlossen. Ich mußte nie jemand was beweisen. Jetzt fühle ich mich so ausgesetzt.
Was ist, wenn ich mich um einen Job bewerbe, und keiner will mich?
Wenn mein einziges Talent darin besteht, Brotpudding mit Vanillesauce zu machen?
Wenn ich mir und anderen nur eingeredet habe, ich hätte ein Buch bereits fix und fertig im Kopf, und das würde ich jetzt schreiben?
Wenn ich nun von der Vergangenheit nicht loskomme?
Es ist erst 8 Uhr 15 morgens.
Ich habe Angst.

Schnuller-Pioniere

Eines Abends unterhielt sich eine Gruppe Mütter über die zehn wichtigsten Punkte, die zur Verbesserung ihrer Lebensqualität beigetragen hatten. Die meistgenannten waren – naheliegenderweise – Penicillin, Fluor, elektrischer Strom, das Auto, ganz zu schweigen von der Pille, Plastikgegenstände aller Art und 30 m lange Telefonschnüre.
Was andere Frauen sagen, ist mir egal. Für mich steht an erster Stelle der Schnuller. Wie viele Frauen wären heute nicht mehr unter uns, gäbe es nicht den kleinen Nuckel aus Plastik oder Gummi, den man dem Baby in den Mund steckt, wenn es brüllt.
Heutzutage gehört so ein Schnuller genauso in ein Babygesicht wie etwa die Nase, aber vor dreißig Jahren sah man im Schnuller eine Mutterkrücke, die der Welt laut und deutlich verkündete: »Ohne schaff ich's nicht.«
Ich war eine Verfechterin des sogenannten heimlichen Schnullers. Das war übrigens auch die Mehrzahl meiner Freundinnen. Ohne Wissen unserer Mütter besaßen wir dreißig, vierzig dieser kleinen Sauger, strategisch so im Haus verteilt, daß man

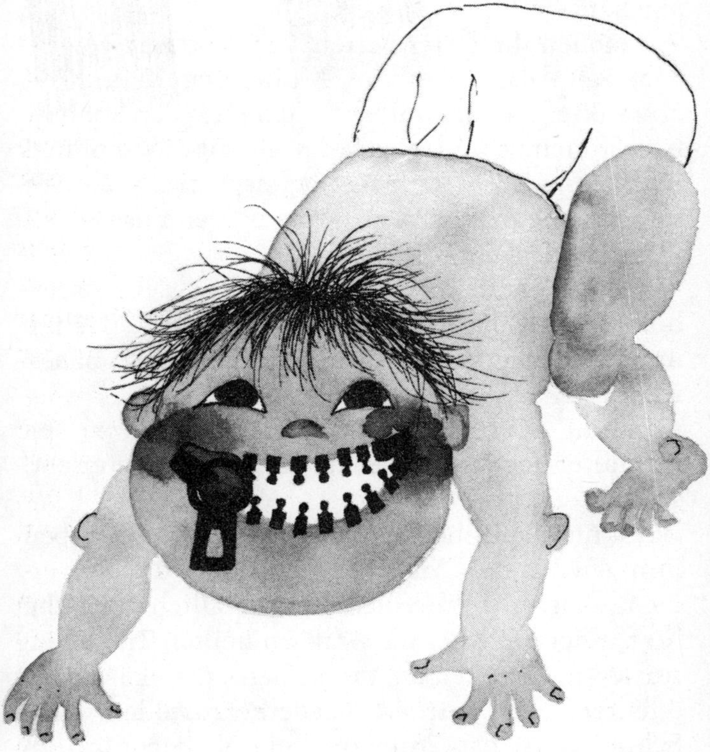

ein Gebrüll in weniger als dreißig Sekunden verstummen lassen konnte. Flaschen wurden sterilisiert, Kinderzimmer desinfiziert und die Bakterien einzeln bekämpft, doch wo sich der Schnuller herumgetrieben hatte, schien nie jemand etwas auszumachen.
Wir fanden ihn unter Betten, in Sofakissen vergraben, im Aschbecher, im Mülleimer. Kein Kind erkrankte je an Schnulleritis. Ich hielt den Schnuller vor meiner Mutter geheim, solange ich konnte. Doch eines Tages kam sie überraschend zu Besuch und verlangte zu wissen: »Was ist denn das?«
»Das ist ein Schnuller.«
»Du weißt hoffentlich, daß, wenn du den weiterhin benutzt, die Kleine als Vierjährige Raffzähne und lebenslang eine vorgeschobene Schnute haben wird.«
»Und du, Mutter, weißt nicht, daß sie ohne den Schnuller den Tag vielleicht gar nicht mehr erlebt, an dem sie vier wird!«
Wir amerikanische Pioniere des Schnullers haben ihm wieder das Ansehen verschafft, das er verdient. Denn schließlich und endlich: Welche Macht der Welt hat die Kraft zu heilen, Tränen zu trocknen, Schmerzen zu stillen, das Leben zu erhalten, den Frieden wiederherzustellen? Der Schnuller ist das Zaubermittel, das den Müttern überall auf der Welt ermöglicht, zu schlafen und vielleicht ... zu träumen.

Wer ist schwerer aufzuziehen: ein Junge oder ein Mädchen?

Wenn Sie gern in ein Hornissennest stechen, fragen Sie eine Mutter: »Wer ist schwerer aufzuziehen: ein Junge oder ein Mädchen?«
Die Antwort wird davon abhängen, ob diese Mutter mehr Jungen oder Mädchen aufzuziehen hat.
Ich habe beides gehabt und will deshalb dem Streit ein für allemal ein Ende machen. Mädchen!
Mit Jungen weiß man immer, woran man ist, nämlich in der Bahn eines Tornados. Es ist alles inbegriffen: die vielen Fliegen über ihrem Abfalleimer, der Hamster, der versucht, in reinere Luft zu entkommen, und die Schlafzimmer, die da eingerichtet sind im Stil ›Frühes Autobahnklo‹.
Bei Mädchen sieht äußerlich alles fabelhaft aus. Aber nehmen Sie sich in acht vor den Schubladen, die sich nicht aufziehen lassen. Sie enthalten die schmutzige Wäsche von drei Monaten, getragene Strumpfhosen und Gummibänder mit Haarbüscheln drin. Sie tun gut daran, stutzig zu werden, wenn Sie in das Schlafzimmer einer Tochter kommen, um ihr Bett zu machen, und alle ihre Puppen haben einen angstvoll-ungläubigen Blick in den Augen.

Einmal hat mir eine Mutter geschrieben und mir beigepflichtet. Sie schrieb: »Ich habe drei Jungens geboren. Beim vierten Versuch bekam ich endlich ein Mädel. Anfangs tat die Kleine all das Niedliche, nach dem ich mich gesehnt hatte. Sie spielte die Kokette, schlug beim Lachen beide Händchen vors Gesicht und klimperte mit den Wimpern wie einer der Muppets.
Dann wurde sie vierzehn Monate alt und überfiel uns wie ein Orkan. Als sie merkte, daß mir vor Entsetzen nicht mehr die Haare zu Berge standen, wenn sie das Treppengeländer herunterrutschte, fing sie an zu streunen. Ich zog ihr ganz süße Sachen an und ging das Frühstücksgeschirr spülen. Ich hatte noch kein Glas sauber, hatte sie schon wieder alles ausgezogen, die Tür aufgeschlossen und wanderte nackt in der Nachbarschaft umher. Als eines Tages jemand von der chemischen Reinigung etwas abzugeben hatte, sagte er: ›Du meine Güte, in Kleidern habe ich Stacy kaum erkannt!‹ Als sie älter wurde, öffnete sie mit einem Dosenöffner den Kopf ihres Bruders, weil er ihr die Puppen weggenommen hatte, und sagte dem Direktor ihrer Schule glatt ins Gesicht, er sei ein Macho.
Jetzt bin ich wieder schwanger. Ich schlafe jede Nacht mit einem Fußball unterm Kopfkissen, um einen Jungen zu kriegen.«

Eine andere Mutter, die ich kannte, sagte: »Jungens sind so aufrichtig. Brüllt man die Treppe rauf: ›Was ist da oben für ein Krach?‹, bekommt man die ehrliche Antwort: ›Joey hat eben die Katze in den

Müllschlucker geworfen. Mann, war das 'ne Wucht!‹

Wenn meine Tochter oben mit Puppen spielt und ich hinaufrufe: ›Was macht ihr Mädels denn?‹ antwortet sie honigsüß: ›Gar nichts‹, und ich muß selber raufgehen, um festzustellen, daß sie aus dem Badesalz und meiner 12-Dollar-Dose Feuchtigkeitscreme Plätzchen backt.

Ein Kinderpsychologe hat mir geraten, es ›nicht zu bemerken‹, wenn sie ihr Lieblingskleid vier Monate hintereinander trägt. Aber wie macht man das, wenn es ein langes Kleid mit heruntergetretenem Volant und Löchern im Ellbogen ist und sie dazu die Papierkrone einer Restaurantkette aufhat? Wie verhält man sich, wenn es im Supermarkt plötzlich aus dem Lautsprecher tönt: ›Achtung! An alle Kunden! In der Abteilung Frischgemüse wurde ein kleines Mädchen aufgefunden, es trägt ein langes, rosa Schleppkleid, eine Florschürze, Glitzerschuhe und hat eine Papierkrone auf dem Kopf.‹

Kürzlich wurde unser drittes Kind geboren. Wieder ein Mädchen. Ich bat die Schwestern, mich gleich an der Entbindungsstation vorbei zur Geriatrie zu fahren. Ich setze mich zur Ruhe. Es wird ohnehin die erste Ruhe sein, die ich in den letzten sechs Jahren hatte.«

Ob die Mütter es glauben wollen oder nicht: Sie sind natürlich *doch* eifersüchtig auf ihre Töchter. Sie erkennen bei ihnen jeden weiblichen Trick deshalb so deutlich, weil sie ihn selbst angewandt haben. Und es funktioniert heute wie damals, als

man ihn selber benutzte. »Papi, *du* glaubst mir, daß ein Baum vors Auto rutschen kann, nicht?«
Mädchen reifen schneller als Jungen, sie kosten mehr, bis sie erwachsen sind, und die Statistiken beweisen, daß der alte Spruch, wonach Mädels nicht mit Geld und Zinsen umgehen können, Legende ist. Mädchen geben noch vor Einsetzen der Pubertät mehr aus als Jungen und folgen dem einmal eingeschlagenen Weg, bis sie sterben oder auf einen unangenehmen Kreditmanager stoßen, je nachdem was zuerst eintritt.
Ein männlicher Säugling wird mit geschlossener Faust geboren. Ein weiblicher hat von dem Augenblick an, wo er zur Welt kommt, die linke Hand so verkrampft, als müßte er eine American-Express-Kreditkarte halten.
Wann immer ein Mädel ein Schild sieht: »Totalausverkauf wegen Geschäftsausgabe«, läuft ihm das Wasser im Mund zusammen, seine Handflächen werden feucht, und die Hirnanhangdrüse sagt: »Geh! Geh!«
Beim Knaben ist das völlig anders. Er hat eine Drüse, die reicht vom rechten Arm bis unter die Brieftasche. Sie heißt »billig«.
Mädchen können Türen lauter zuknallen, länger betteln, nach Bedarf die Tränendrüsen an- und abstellen wie einen Wasserhahn, und von ihnen stammt der Satz: »Ja, hast du denn kein Vertrauen zu mir?«
Soviel über das berühmte:
Rosig wie die Apfelblüten
sollen kleine Mädchen sein ...

Hochzeitslauf
in 3 Stunden, 43 Minuten und 16 Sekunden

Es war der Augenblick, um den jede Mutter der siebziger Jahre betete. Das Telefon klingelte, und eine Stimme sagte: »Weißt du was, Mam? Barry und ich heiraten!« (Halleluja!)

Heiraten! Ihre Freundin Sophie hatte einen Sohn, der hatte zwar kurze Haare, aber verheiratet war er nicht. Eine andere Freundin, Eileen, konnte eine Tochter vorweisen, die wartend stehenblieb, bis ihr jemand die Autotür öffnete. Aber verheiratet, tja, verheiratet war auch sie nicht.

Heiraten! Für Donna war es die Erfüllung eines Wunschtraums. Man brauchte sich das nur einmal vorzustellen: Schon bald würde ihre Kleine unbezahlte Rechnungen haben, ungeplante Babys, Rückfragen seitens der Bank und ein Fertighaus ohne Komfort. Alles, was sich eine Mutter für ihr Kind wünscht.

Nein, nicht nur das! Donna wäre die erste Schwiegermutter in ihrem Bridgeclub. Sie konnte es erst nicht recht glauben, nachdem die beiden schon zwei Jahre zusammenlebten.

Doch dann kamen Donna Bedenken. Handelte es sich vielleicht um eine weitere Zufallsbindung?

Ihre Gedanken jagten zurück zu einer Wiese, auf der ein Wohnwagen stand, bemalt mit Schlangen. Musik vom Band, Biosaft aus Pappbechern. Gäste, die den Rasen rauchten.
Als könnte sie Muttergedanken lesen, sagte Lynn dann später: »Mach dir keine Sorgen, Mom. Es wird eine ganz traditionelle Feier.«
Donna stiegen Tränen in die Augen. Eine richtige Hochzeit! Gefüllte Pilze. Smoking. Ein Streichquartett. Silbergeschirr. Spitz zulaufende Kerzen. Barry Manilow. Anstecksträuße bis zum Nabel.
Der Brautvater war nicht ganz so begeistert. »Wer ist Barry?« wollte er wissen.
»Das hab ich vergessen zu fragen.«
»Was wissen wir über ihn?«
»Was ist da viel zu wissen? Er ist der Mann, der unsere Tochter heiraten wird.« (Halleluja!)
»Der hat vielleicht Nerven. Die zwei leben doch seit Jahren miteinander.«
Ein paar Wochen später kam die Einladung. Sie hatte die Form eines Joggingschuhs.

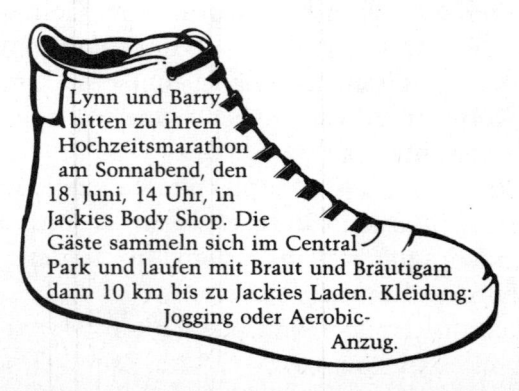

Lynn und Barry bitten zu ihrem Hochzeitsmarathon am Sonnabend, den 18. Juni, 14 Uhr, in Jackies Body Shop. Die Gäste sammeln sich im Central Park und laufen mit Braut und Bräutigam dann 10 km bis zu Jackies Laden. Kleidung: Jogging oder Aerobic-Anzug.

Donna und Mel betrachteten die Einladung schweigend. Sie waren wie vor den Kopf geschlagen. Mel ergriff zuerst das Wort. »Das ist keine Einladung zu einer Trauung. Das ist die Eröffnung eines Sportzentrums. Da gehen wir nicht hin.«
Instinktiv wurde Donna widerspenstig. »Du vielleicht nicht. Aber wenn meine einzige Tochter zum ersten Mal heiratet (Halleluja!), möchte ich dabeisein. Morgen geht die Brautmutter sich ein Kleid zur Hochzeit kaufen, mit oder ohne den Brautvater.«
Am nächsten Tag sah sich Donna im Spiegel der Ankleidekabine: enge rote Hose (die förmlich glühte von den Bemühungen einer runden Million Zellulitis-Fettaschen, die ins Freie drängten), darüber ein pinkfarbenes ärmelloses Trikot, das nicht über die Hüften herunterging. Ein dazu passendes Stirnband, ebenfalls in Pink, versuchte ihre Stirn davon abzuhalten, ihr in die Augen zu fallen. Sie betrachtete die Beinwärmer und betete, daß sie keine Hitzewallungen bekam. Sie steckte den Kopf durch den Kabinenvorhang und sagte zu der Verkäuferin: »Ich hab's mir überlegt, ich glaube, so was hier trägt die Mutter vom Bräutigam. Ich denke, ich nehme den blauen Trainingsanzug. Man verheiratet (Halleluja!) schließlich nur einmal seine Tochter.«
Ihre letzte Station war ein Sportzentrum, wo ein junger Mann ihr Laufschuhe anpaßte. Als sie in das Röntgengerät lugte, um zu sehen, wo die neuen Schuhe zu eng anlagen, fragte sie: »Übrigens, junger Mann, wieviel ist das, 10 Kilometer?«

»Genau 6,2 Meilen«, sagte er.
Auf dem Heimweg lächelte sie in sich hinein und dachte: Er wird mich falsch verstanden haben, vielleicht meinte er Kilohertz oder so was.

Mel wußte genau, daß er bockig war, doch er verzieh der Tochter ihre Eigenmächtigkeit und Lebensweise nicht so leicht wie Donna. Ungefähr um 20 Uhr 30 am 18. Juli lugte er durch die Jalousien, wie er es schon den ganzen Abend alle fünf Minuten getan hatte, und erblickte Donna, die eben einem Taxi entstieg.
Sie hinkte unübersehbar und hielt eine Hand fest auf den Rücken gepreßt.
»Wo warst du denn?« fragte er.
»Ach, Mel, du hättest unbedingt dabeisein sollen. Es war einfach herrlich. Ich bin mit allen anderen im Park gestartet, hab drei Hunde abwehren müssen, zwei Blasen verpflastert und schließlich einen Motorradfahrer angehalten, der mußte direkt an Jackies Body Shop vorbei und hat mich mitgenommen.
Deine Tochter hat wunderschön ausgesehen. Die beiden standen vor einer Spiegelwand und gelobten, einander immer so zu lieben wie heute, sich fit zu erhalten und sich durch die Gnade Gottes mit 2,42 für Boston zu qualifizieren.
Die Bräutigam-Mutter trug ein T-Shirt, auf dem stand JOGGER MACHEN ES BESSER, und der Geistliche hatte Leukoplast auf den Brustwarzen, weil ihn das Hemd beim Laufen immer so scheuerte. Ich habe eine Menge gesunde Sachen gegessen und

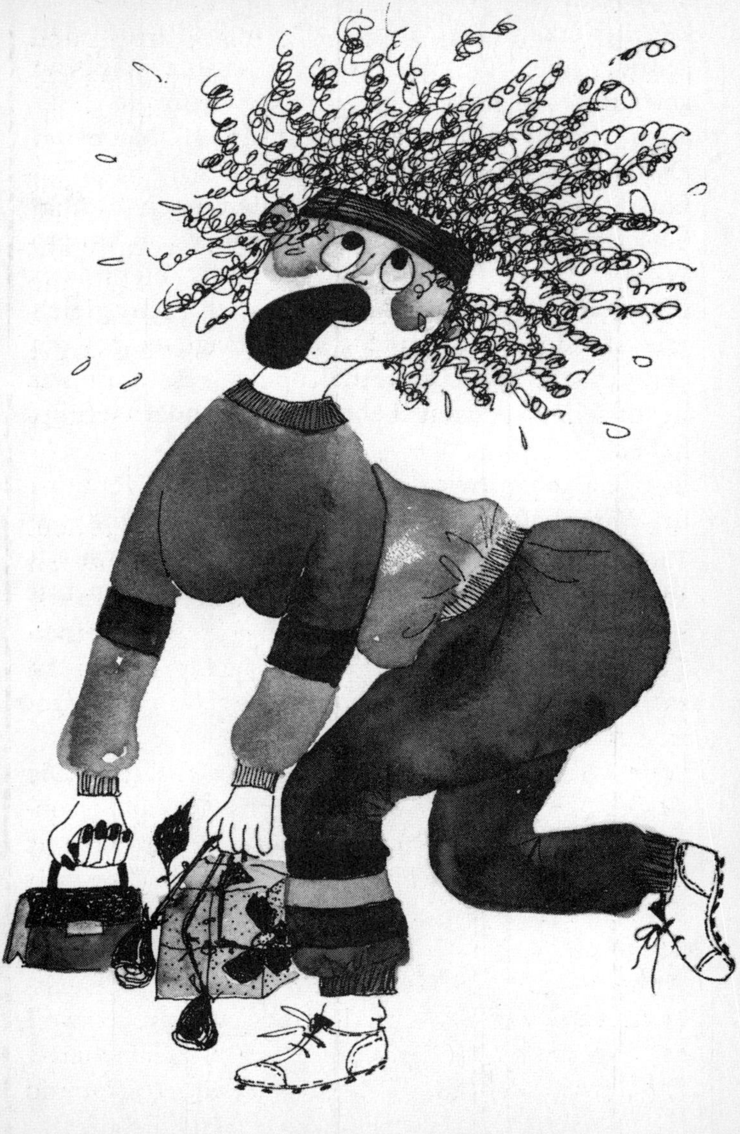

viele Leute kennengelernt. Zum Beispiel eine Frau, die mir erzählt hat, ihre Tochter sei hoch in den Lüften über Omaha am Fallschirm hängend getraut worden und hätte den Schirm nachher auch selbst zusammenlegen müssen. Nächsten Dienstag essen wir miteinander.

Ehe sie abreisten, hat Lynn mich noch einmal beiseite genommen und mir gesagt, wenn sie pro Woche 45 bis 60 Kilometer läuft, bleibt der Eisprung aus, und deshalb könne ich nicht gleich Enkelkinder erwarten. Sie hat gesagt, es sei die erste inhaltsreiche Unterhaltung gewesen, die wir in unserem ganzen Leben miteinander geführt haben.

Barry ist gebaut wie das UN-Gebäude und verkauft im Warenhaus Klimaanlagen. Oh, ich war die einzige mit einer Handtasche. Ich glaube, das war ein Faux-pas, aber Mel, unsere Tochter, ist – verheiratet!« (Halleluja!)

Haariges

Ungefähr alle hundert Jahre verlagert sich die Erde und beginnt einen neuen Zyklus. Die Steinzeit, die Eiszeit und die Gletscherperiode habe ich versäumt, aber die Haarzeit habe ich größtenteils miterlebt.
Sie war zugleich eine der besten und eine der schlimmsten Perioden.
Wie die meisten Mütter, widmete ich mein Leben der Haarlänge meines Sohnes. Wenn er zum Frühstück herunterkam und sagte: »Guten Morgen«, antwortete ich stereotyp: »Laß dir die Haare schneiden. Ein Ei oder zwei?«
Wenn wir nebeneinander in der Kirche standen und uns der Geistliche aufforderte, »einander das Zeichen des Friedens zu entbieten«, wandte ich mich ihm zu, lächelte fromm und sagte: »Du mußt zum Haareschneiden, du Trottel.«
Es war das einzige Thema, über das wir jemals sprachen. Wir stritten uns über Friseure und die Abstände zwischen den einzelnen Haarschnitten. Wir stritten über den Preis für Shampoo, den begrenzten Vorrat an Heißwasser, darüber, daß die Abwassergrube bereits überlief und daß wir ihn

nie am Altar abliefern könnten, wenn er unbedingt aussehen wollte wie ein zweiter Walter Matthau.
Manchmal kam er heim und wollte mir einreden, der Friseur habe ihm die Haare à la Timothy Leary geschnitten.
»Für mich sieht es eher aus wie ein King-Kong-Schnitt.«
»Wie ist denn ein King-Kong-Schnitt?«
»Leicht getrimmt an Händen und Fußknöcheln.«
»Dir kann man's aber auch nie recht machen«, rief er aus.
»Versuch's doch erst mal«, rief ich zurück.
Ich hielt mich immer für gerecht. So erklärte ich ihm denn: »Haare dürfen so lang, so schäbig, so fettig sein, wie sie wollen. Man kann sie sich zum Zopf geflochten fünfmal um den Kopf wickeln oder als Pferdeschweif bis zum Steißbein baumeln lassen – wenn es sich dabei um anderer Leute Sohn handelt.«
Je länger ich redete, desto länger wurde sein Haar und desto kritischer unsere Beziehung zueinander. Zwölf Jahre lang habe ich sein Haar keinen Moment in Ruhe gelassen, nie eine Gelegenheit versäumt, darauf herumzuharfen, wie sehr er mich als Sohn enttäuscht hätte.
Dann kam er eines Tages in die Küche und fragte: »Wann gibt's Essen?«
Ich erwiderte automatisch: »Du hast eben noch Zeit, dir die Haar schneiden zu lassen. Es ist erst halb sieben.«
»Okay«, sagte er.
Ich fiel beinahe in Ohnmacht.

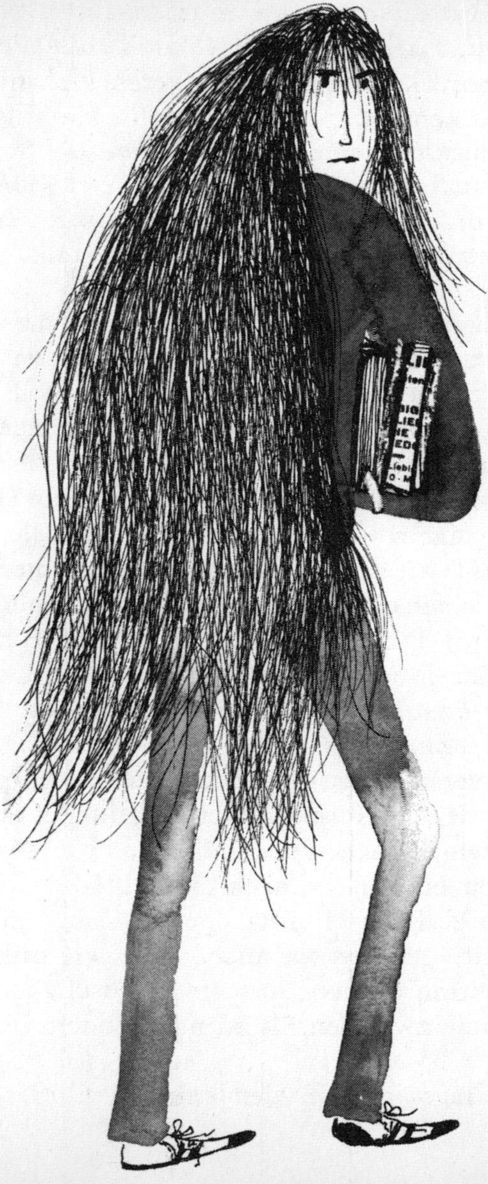

Als er wiederkam, war sein Haar sauber getrimmt, die Ohren lagen frei. Wir lächelten uns verlegen an. Wie Fremde, die miteinander verabredet sind, ohne sich zu kennen.
»Was hast du denn so gemacht heute?« fragte ich.
»Ach, nichts Besonderes«, stotterte er. »Und du?«
Mir wurde klar, daß ein Großteil unseres Kontakts aus vertraulichen Bemerkungen bestanden hatte, etwa:
»Wie lange brauchst du eigentlich, um diesen Mop sauberzukriegen?« oder »Wie finanzierst du zur Zeit deinen Shampoo-Bedarf?« oder »Wußtest du, daß der Hunnenkönig Attila die gleiche Frisur hatte wie du?«
Wir hatten einander nichts zu sagen. Sein Haar war das einzige gewesen, was uns verband, das einzige Gesprächsthema, die einzige gemeinsame Basis.
Plötzlich erinnerte ich mich an die schönen Zeiten von einst. Damals, als wir ihn auf einer Ferienreise von Gary, Indiana, bis Salt Lake City, Utah, mit seiner Frisur aufzogen. Ach, wie war die Zeit im Flug vergangen!
Selbstverständlich versuchte ich es mit neuen Methoden der Kommunikation, zum Beispiel: »Du lebst wie ein Schwein«, »Niemand ist zu groß, um sich zu bücken ... nach einem Handtuch«, und »Verdirb dir doch mit diesem Zeug nicht den Appetit.« Aber es war nicht mehr wie früher.
Wir hatten die wundervolle Feindseligkeit eingebüßt, die zwischen Eltern und Kindern herrschen muß.
Eines Tages kam er wieder einmal aus der Schule,

und meine Augen leuchteten auf. »Was hast du da für eine widerliche Haaransammlung um Mund und Kinn?«
»Ich laß mir einen Bart stehen«, sagte er.
»Damit setzt du dich aber nicht an meinen Eßtisch! Ich kann und will nicht glauben, daß dies dasselbe Kinn ist, von dem ich stundenlang Haferschleim und Spucke gewischt habe. Warum tust du deiner Mutter das an?«
»Ich werde ihn mir stutzen lassen.«
»Ha! Zeige mir einen Mann mit Bart, und ich werde dir sagen, was er zu Mittag gegessen hat. Schon jetzt riecht er nach Pizza!«
»Alle bedeutenden Männer dieser Welt hatten Bärte, zum Beispiel Moses, Christus und Burt Reynolds.«
»Du vergißt König Heinrich VIII., Lenin und Satanas! Ich sag dir ehrlich: Du siehst aus wie einer der Sieben Zwerge!«
»Ich hab's ja geahnt. Nie begreifst du was«, sagte er und knallte die Tür zu.
Der Bart wird uns mindestens bis über die Weihnachtsferien beschäftigen.

Sharon, die vollkommene Mutter

Alle sagten, Sharon sei eine phantastische Mutter.
Ihre Nachbarinnen sagten es.
Sie malte die Innenseite der Mülltonne mit Emailfarbe an, zog ihr eigenes Gemüse, mähte jede Woche selbst den Rasen, machte aus Stoffresten Wintermäntel für die ganze Familie, spendete Blut und fand Zeit, jeder Bekannten eine Geburtstagstorte zu backen.
Ihre Mutter sagte es.
Sharon fuhr sie zum Arzt, wenn sie hinbestellt war, ordnete die Kleider ihrer Kinder nach Farben und legte sie in beschriftete Schubladen, wusch die Backfolie ab und benutzte sie ein zweites Mal, plante Familienzusammenkünfte, schrieb an ihren Kongreßabgeordneten, schnitt allen die Haare und wußte ihre Mitgliedsnummer bei der Krankenkasse auswendig.
Die Lehrerin ihrer Kinder sagte es.
Sie half ihren Kindern jeden Abend bei den Hausaufgaben, trug, wenn es regnete, für ihren Sohn die Zeitungen aus, packte Lunchkörbe mit nahrhaften Sandwiches und malte kleine Gesichter auf das Butterbrotpapier, war Aufsichtsperson im Pausen-

zimmer der Schule, gehörte zu den fünf Fahrbereitschaften und blies einmal ganz allein für einen Kotillon der 7. Klasse 234 Luftballons auf.
Ihr Ehemann sagte es.
Sharon putzte den Wagen, wenn es geregnet hatte, hob das Frostschutzmittel von einem Jahr zum anderen auf, zahlte sämtliche Rechnungen, hielt Ordnung im privaten Terminkalender, sprühte den Garten gegen Ungeziefer, legte im Sommer den Gartenschlauch immer wieder um, drehte die Kinder nachts auf den Rücken, damit ganz sicher keines auf dem Gesicht schlief, und fand einmal heraus, daß sich die Steuer geirrt hatte und ihnen noch 12 Dollar schuldete.
Ihre beste Freundin sagte es.
Sharon konstruierte ein Bettgestell aus den Holzabfällen, die vom Patio übrig waren, häkelte zur Weihnachtszeit einen wollenen Nikolaus für die Ersatztoilettenpapierrolle, wusch alles Obst, ehe ihre Kinder es aßen, lernte Harfe spielen, erhielt den Boston-Farn ein volles Jahr am Leben, und wenn die Damen miteinander essen gingen, behielt sie immer im Kopf, wieviel jede zu zahlen hatte.
Ihr Geistlicher sagte es.
Sharon fand Zeit, alle unanständigen Bücher zu lesen und eine Kampagne gegen sie einzuleiten. Beim Abendgottesdienst spielte sie Gitarre. Sie korrespondierte mit einer armen Familie in Guatemala – auf spanisch. Sie stellte ein Kochbuch zusammen, um Geld für eine neue Kaffeemaschine in der Sakristei zusammenzukriegen. Sie sam-

melte an den Türen für alle Gesundheitsorganisationen.
Sharon war eine jener Frauen die man als geborene Organisatoren bezeichnen kann. Sie plante eine Party für den Geburtstag ihres Hundes, machte ihren Kindern phantasievolle Faschingskostüme aus alten Tragtüten, und wenn mal jemandem der Schnürsenkel riß, hielten ihre Knoten am besten.
Sie zog Setzlinge in leeren Toilettenpapierrollen und isolierte das Haus mit leeren Eierkartons, die jeder andere wegwarf.
Sharons Tagesprogramm hätte jede andere Frau in die Knie gezwungen. Brauchte man 25 Frauen als Anstandsdamen für eine Party? Gebt Sharon die Liste. Brauchte man eine Mutter, die in der Schulbibliothek alles auf Dezimalsystem umstellt? Ruft Sharon an. Brauchte man jemand, der ein Stadtteilfest, einen Flohmarkt oder ein Schulfest organisiert? Holt Sharon.
Sharon war die Super-Mutter schlechthin.
Ihr Gynäkologe sagte es.
Ihr Fleischer sagte es.
Ihr Tennispartner sagte es.
Ihre Kinder — ihre Kinder sagten es nie.
Aber sie gingen oft hinüber zu Ricks Mutter, die immer zu Hause war, Plätzchen direkt aus der Packung aß und mit ihnen Poker spielte.

Vom Amateur zum Profi: Louise und Estelle

Was außer heißer Hühnerbrühe und Vitamin C in der amerikanischen Zivilisation am meisten überschätzt werde – fand Louise –, sei das Frühstück mit den eigenen Kindern.
Was denn so großartig daran sei, mit zwei mürrischen Gören zu Tisch zu sitzen, die sich um fünfzehn noch ungeöffnete Packungen Frühstücksflokken stritten?
Einmal im Jahr ließ sie sich erweichen. Sie nannte es das »Weihnachtsfrühstück mit Mami«, mit allerlei kleinen Geschenken und Lutschern. Den Rest des Jahres machte Louise alle Anstrengungen, ihren Kindern aus dem Weg zu gehen.
Sie hatte früh herausgefunden, daß sie nicht so war wie alle anderen Mütter. Daß es ihr widerlich war, mit den Zähnen Knoten aus Schuhbändern zu lösen, auf die das Kind den ganzen Tag gepinkelt hatte. Daß es sie halbtot langweilte, herumzusitzen und »Hotels an der Hauptstraße« zu kaufen und mit Spielgeld zu bezahlen. Daß es sie nicht befriedigte, mit einer Handtasche voll gebrauchter Tempotaschentücher herumzulaufen, die ihr Kind ihr zum Wegwerfen gegeben hatte.

Mit der Hausarbeit hatte sie es auch nicht sehr. Und mit den Frauen, die darüber sprachen, ebensowenig. Sie lehnte es ab, sich davon aus dem Sessel reißen zu lassen, daß irgend jemand ein Spezialmittel zum Entfernen von Spaghettiflecken aus Plastikdecken erfunden hatte. Als eines Tages das Kränzchen über Heloises 87 Verwendungsmöglichkeiten für Nylonnetze sprach, schnauzte Louise plötzlich: »Warum machen wir nicht einfach Schmetterlingsnetze daraus, werfen sie über uns und melden uns in einer Anstalt?«

Ihr Lebensziel war es, eine Frau zu engagieren, die kam und auf ihre Kinder aufpaßte, während sie zur Arbeit ging.

Ihr Mann wollte davon nichts hören. »Was hättest du denn für einen Grund?« beharrte er.

»Ich langweile mich«, sagte Louise.

»Das ist nicht der wahre Grund«, sagte er. »Das ist ein Symptom. Du solltest dir etwas zu tun machen.«

Vielleicht hätte er es lieber gesehen, daß sie log wie Elsie Waggoner, die behauptete, sie habe sich eine Halbtagsstellung nur deswegen gesucht, weil sie eine Garderobe für die Barbie- und Ken-Puppen ihrer Tochter kaufen müsse.

In ihrer Verzweiflung tat Louise das Nächstbeste: Sie wurde karitativ tätig.

Es dauerte nicht lange, da war ringsum bekannt, daß Louise »einfach alles« machte. Sie übernahm den Vorsitz bei was auch immer. Sie rettete Tiere, von deren Existenz sie noch nie gehört hatte, sie sammelte Geld für die Bekämpfung von Krankhei-

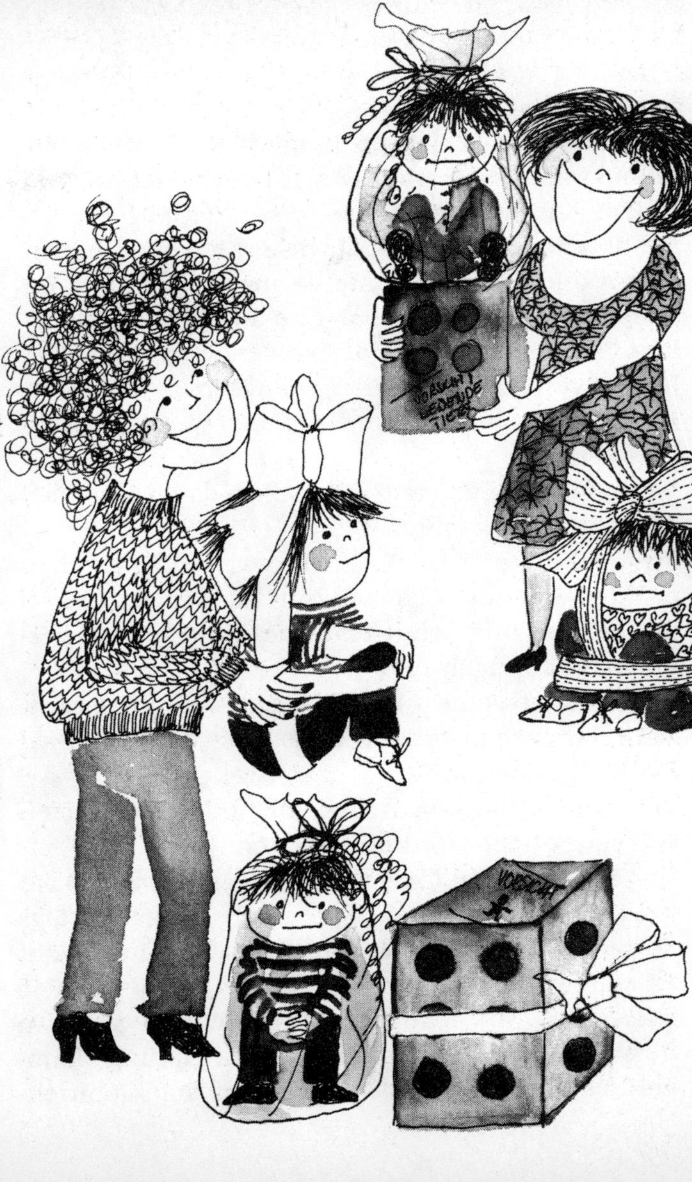
VORSICHT

ten, die sie nicht einmal aussprechen konnte, und durchsaß Sitzungen, bei denen als einzige Entscheidung nur herauskam, wo die nächste Sitzung stattfinden sollte.

Anno 1973 hielt sie den Rekord: Sie hatte mehr Stunden im Jahr freiwillige Hilfe geleistet als jede andere Frau der Gemeinde.

Sie hatte noch einen anderen Rekord inne – den aber inoffiziell. Louise stellte mehr Babysitter im Jahr ein und warf sie wieder hinaus als jede andere Frau in der Geschichte der Frauenbefreiung.

Louise verlangte eine Frau, die ihren Kindern vorlas und mit ihnen Spiele spielte, wenn sie sich langweilten.

Sie verlangte eine Frau, die einfach da war und den Tag mit ihnen verbrachte.

Sie verlangte eine Frau, die ihnen Plätzchen backte, ihre zerbrochenen Spielsachen reparierte, sie auf ein aufgeschürftes Knie küßte und Heile-Heile-Segen machte.

Sie verlangte eine Mary Poppins, die am Regenschirm hängend herumflog – und das für einen Dollar die Stunde.

Eine Aufstellung der Frauen, die für Louise Concell gearbeitet haben, würde ein Buch füllen.

Da gab es Mrs. Crandel. Sie war süchtig nach Musicals, und zwischen 12 und 2 Uhr mittags hörte die Welt außerhalb des Fernsehers für sie auf zu existieren.

Da gab es Mrs. Sanchez, die Eiswürfel aus Gin herstellte und der man erst auf die Sprünge kam, als sich eines der Kinder einen Limostand einrich-

tete und alle Kinder der Nachbarschaft drei Mahlzeiten hintereinander verschliefen.
Die Studentin Carol blieb nur eine Woche, weil da die Kinder so grauenhafte Schlager sangen, daß Louises sämtliche Zähne stumpf wurden.
Im Herbst 1979 erlagen Louise und ihr Mann der Versuchung: Louise suchte und fand einen bezahlten Job, der alle ihre Kräfte und ihre gesamte Zeit beanspruchen würde. Sie wurde nämlich zur Chefin des Tinkerbell-Kinderfürsorge-Centers gewählt. Louise war im siebenten Himmel. Dort würde sie mehr Verantwortung übernehmen, als sie je gehabt hatte, und zum ersten Mal den eigenen Wert auf einem Preisschild bestätigt sehen. Sie begann ernstlich nach einer erstklassigen Ersatzmutter zu suchen.
Dabei stieß sie auf Estelle. Estelle schien fast zu gut, um wahr zu sein. Sie war jung, hatte selbst zwei Kinder und wußte genau, wie man sie beschäftigt, ernährt und durch liebevolle Festigkeit zum Gehorsam anhält. Außerdem konnte sie Auto fahren. Estelle war zwei Jahre lang Alleinerziehende gewesen und hatte außerdem einer Reihe von öffentlichen und privaten Organisationen angehört, das Alphabet einmal herauf und herunter. Im Moment war sie Mitglied eines PSSF (Programm für Sozialbewußtsein Schwarzer Frauen) und tagte jeden Mittwoch im Gemeindesaal. Sie ließ ihre Kinder in einem Kindergarten im Nachbarhaus und nahm an einem langen Tisch Platz. Es galt »Handwerkliches« auszuüben.

Das heutige Projekt war ganz einfach. Dabei brauchte sie nur eine Zigarrenkiste anzumalen und trocknen zu lassen. Dann Stücke Makkaroni in Leim zu tauchen und obendrauf zu legen. Wenn alles bedeckt war, bestreute sie das Ganze mit Pailletten und – voilá – ein Schmuckkasten.
Das Dumme war nur, sie besaß keinen Schmuck. Estelle spielte gedankenvoll mit den Makkaroni und überdachte ihr Leben. Was war eigentlich bei den zwei Jahren PSSF herausgekommen? Ein Macramé-Topf. Ein gehäkelter mexikanischer Hut, der über eine Flasche Tabasco-Sauce paßte, das Bild eines englischen Landhauses als Kronenkorken und ein Sparschwein aus einer Plastikflasche, die einmal Wäschebleiche enthalten hatte. Und jetzt das Teigwarenexperiment.
Über sich selbst böse, packte sie die Tüte Makkaroni, nahm sie mit nach Hause, kochte sie und schwor sich, einen Job zu suchen.
Estelle liebte ihre Kinder und wollte nicht, daß sie unter ihrer Unrast litten. Über das Tinkerbell-Kinderfürsorge-Center hatte sie viel Gutes gehört.
»Haben Sie besondere Fragen, die uns betreffen?« fragte Louise Concell. »Schließlich bin ich dazu da, sie zu beantworten.«
»Beschäftigen Sie die Kinder richtig?« wollte Estelle wissen. »Ich meine, ich möchte kein Heim, wo sie den ganzen Tag nur schlafengelegt werden.«
»Ich glaube, sie werden unser Beschäftigungsprogramm einfach fabelhaft finden«, sagte Louise.
»Was ist mit den Lehrkräften? Meine Kinder waren noch nie länger von mir getrennt.«

»Die lieben sie wie ihre eigenen Kinder, das dürfen Sie mir glauben«, meinte Louise lächelnd.
»Ich will jemand bei meinen Kindern haben, der es nicht nur als Job betrachtet, sondern wirklich gern mit ihnen zusammen ist.«
»Ich verstehe vollkommen«, flötete Louise. »Wir schließen um 18 Uhr 15. Paßt das?«
»Eigentlich habe ich noch keinen Job«, sagte Estelle. »Ich wollte das für meine Kinder hier nur mal ausprobieren, während ich anfange, mir einen zu suchen.«
Louise schob ihre Brille auf die Stirn. »Haben Sie schon mal an Kinderbetreuung gedacht?«
Estelle schüttelte den Kopf.
»Wissen Sie, ich habe nämlich zwei kleine Kinder zu Hause und suche jemand, der als Babysitter zu ihnen kommt. Darf ich Ihnen ein paar Fragen stellen?«
»Aber dazu bin ich ja hier«, sagte Estelle.
»Ich wünsche mir gezielte Beschäftigung für die Kinder, damit sie nicht den ganzen Tag vorm Fernseher hocken. Sie haben so wenig, was sie interessiert. Verstehen Sie, sie sollen etwas Richtiges tun.«
»Darin habe ich in den letzten Jahren viele Erfahrungen gesammelt«, schmeichelte Estelle.
»Meine Kinder müssen Sie mögen. Wissen Sie, ich war immer eine Mutter, die den ganzen Tag zu Hause war. Sie sind Fremde nicht gewöhnt.«
»Mit Kindern habe ich immer gut umgehen können, das dürfen Sie mir glauben.«
»Es ist nicht einfach zu erklären«, sagte Louise,

»aber meine Kinder waren mir immer besonders wichtig, und ich möchte niemanden, der nur wegen des Geldes bei ihnen bleibt, sondern jemanden, der sie wirklich liebhat und gern mit ihnen zusammen ist.«

»Sie sprechen mir aus der Seele«, sagte Estelle.

So geschah es, daß im September 1984 sowohl Louise wie Estelle »Berufsmütter« wurden, Profis, für geringes Entgelt.

Beide wischten Nasen, wechselten Windeln, wiegten Babys in den Schlaf, summten Wiegenlieder und küßten auf blutende Finger Heile-Heile-Segen. Keine von beiden konnte erklären, warum es einen solchen Unterschied machte, daß sie dafür bezahlt wurden.

Mein Ferienjob
(von Laura Parsons, 11)

Ich habe im Sommer das gleiche getan wie was ich im Winter getan habe. Ich bin eine Mini-Mami. Wenn meine Mami in der Arbeit ist, versorge ich meinen kleinen Bruder und drei Schwestern. Der Job von einer Mini-Mami ist langweilig.
Ich bring meinen Bruder und meine Schwestern auf die Toilette, wenn sie gar nicht hinwollen.
Ich wasche ihnen das Gesicht, trotzdem daß sie den Kopf wegdrehen.
Ich wische ihnen die Triefnasen, wenn sie sie gar nicht gewischt haben wollen.
Ich steck sie ins Bett, wenn sie noch gar nicht müde sind.
Und wenn sie hinter ihrer echten Mutter her wollen, pack ich sie beim Hals und halte sie ganz fest, bis sie rot im Gesicht sind.

Bei diesem Job gibt's massenhaft Hauen und Spucken.

Ich wollte, ich wäre nicht zuerst geboren. Erst dachte ich, das ist prima, doch dann hab ich rausgekriegt, daß ich auch die erste bin, die groß genug ist, um aufs oberste Fach zu langen und die Gläser runterholen muß, und die erste, die Knöpfe zumachen, Schleifen binden und Reißverschlüsse zuziehen kann, die erste, die groß ist. Ich wollte, ich könnte babysittern statt eine Mini-Mami zu sein.

Babysitter kriegen andauernd was Leckeres und Trinkgelder, wenn im Haus nicht alles kaputt ist. Sie werden behandelt wie eine Schwester von den Babys.

Mini-Mamis kriegen geschimpft, wenn jemand im Wohnzimmer den Gartenschlauch aufdreht und wenn jemand die Bananen aufißt, die Mami für was braucht. Wir werden behandelt wie Mütter.

Mutter sein kotzt mich echt an. Ich hasse es, jemand den Hintern zu putzen, wenn er auf dem Klo war. Ich hasse es, wenn ich sie hundertmal ruf und sie tun, als hätten sie's nicht gehört. Ich hasse es,

wenn ich keine Zeit hab für mich allein.
Sie mögen ihre echte Mami lieber als mich, aber da pfeif ich drauf.
Ich wollte erst von daheim weglaufen, aber meine Mutter bringt mich glatt um, wenn ich auf die große Schnellstraße rausrenne, ehe die dort eine Ampel angebracht haben.
Eine Mutter möcht ich nicht werden. Echt nicht!

Die fünf größten amerikanischen Schriftstellerinnen (die zufällig Mütter sind!)

Eileen Whorf
(Verfasserin der »Briefe aus dem Poesieclub«)

16. September 1978

Mrs. Loretta Flake
Brombeerbuschacker
Norman, Oklahoma

Liebe Mrs. Flake,
Ich kann Ihnen gar nicht sagen, wie überrascht und erschrocken ich war, zu erfahren, daß man mich im Walt-Whitman-Poesie-Club zu Ihrer Nachfolgerin gewählt hat.
Besonders, weil ich doch nur einer einzigen Ihrer Sitzungen beigewohnt habe – als Gast.
Obwohl es mich ehrt, in Erwägung gezogen zu werden, muß ich zu meinem großen Bedauern ablehnen, Ihnen nächstes Jahr als Präsidentin zu dienen.
Sie werden es gewiß verstehen, wenn ich Ihnen sage, daß ich eine Todesangst davor habe, vor allen Leuten aufzustehen und zu reden. Es ist eine angeborene Scheu, mit der zu leben ich allmählich

lerne, doch würde das wohl kaum im Interesse des Walt-Whitman-Poesie-Clubs liegen.

Es grüßt Sie dankbar
Ihre
Eileen Whorf

21. September 1978

Liebe Loretta,
vielen Dank für Ihren Brief, mit dem Sie auf Ihrem Vorschlag beharren. Ich gebe zu, daß man sich, je länger man öffentlich spricht, immer mehr daran gewöhnt.
Es gibt jedoch noch einen Grund, warum ich nicht Ihren Präsidentinnenposten annehmen kann. Ich habe es noch niemandem gesagt (nicht einmal meinem Mann), aber ich habe eine kleine Zyste am rechten großen Zeh. Sie ist vermutlich gutartig, aber man weiß ja nie, und ich möchte nicht, daß Ihre Mitglieder unter meiner Gebrechlichkeit leiden.

Im Vertrauen auf Ihr Verständnis
Ihre
Eileen Whorf

26. September 1978

Liebe Loretta,
wenn Beharrlichkeit aus Regentröpfchen bestünde, wären Sie schon vor Wochen ertrunken! Ich wußte, ich kann mich auf Ihr Verständnis und auf die Unterstützung Ihrer Mitglieder verlassen, und danke Ihnen, daß Sie mich für den Fall von Zysten auf die Klausel im Kleingedruckten hinweisen.

Es besteht jedoch die Aussicht, daß Mr. Whorf in ein anderes Land versetzt wird, in welchem Fall es mir nicht möglich wäre, zu den einmal monatlich stattfindenden Zusammenkünften des Walt-Whitman-Poesie-Clubs anzureisen. Es ist doch gewiß unter Ihren Mitgliedern noch jemand anders der Ehre würdig, die Sie mir mit aller Gewalt erweisen wollen?

Freundliche Grüße
Eileen Whorf

1. Oktober 1978

Liebe Loretta,
Sie und Ihre Clubmitglieder versetzen mich in Erstaunen durch Ihre Großzügigkeit. Obwohl ich nun weiß, daß Sie mir erlauben würden, Ihnen so lange als Präsidentin zur Verfügung zu stehen, bis wir aus diesem Land wegziehen, möchte ich noch einen weiteren Grund nennen.
Ich fahre keinen Wagen.
In Vorwegnahme Ihrer Antwort: Ich fahre auch ungern mit anderen mit.

Freundliche Grüße
Eileen Whorf

4. Oktober 1978

Aber Loretta, ich bitte Sie, ich weiß ja nicht einmal, wer Walt Whitman ist!

Eileen Whorf

7. Oktober 1978

Loretta:
Ich nehme an!

Eileen Whorf
Präsidentin wider Willen
des Walt-Whitman-Poesie-Clubs

Barfy Whitcomb
(Autorin des jährlichen Weihnachtsrundbriefes)

Weihnachten 1982

Zunächst einmal ein herzliches Hallo, wie geht's Euch allen!
Wieder ist ein Jahr vergangen, und es wird Zeit, Euch über das Ergehen aller Whitcombs ins Bild zu setzen.
Unser Lewiston hat seine Aufnahmeprüfung bestanden und ist in Harvard eingeschrieben. (Schluchz, schluchz – sechzehn Jahre ist doch noch sehr jung, um fern der Heimat die Schule zu besuchen.) Bob und ich werden ihn nach Boston fahren, da er darauf besteht, seine Sammlung russischer Ikonen mitzunehmen. (Kinder lassen sich so gar nichts sagen!)
Wie Ihr aus beigefügtem Foto ersht, hat unsere Melody jetzt Figur bekommen. Sie tritt in die Fußstapfen ihrer Mutter, man hat auch sie zur Anführerin des Tambour-Korps gemacht. Die Anführerin wird automatisch zum hübschesten Mädchen der Klasse ernannt und zur Heimkehrerprinzessin beim Ball »Letzter Walzer« gekrönt. Alles steht dieses Jahr unter dem Motto »Ein verzauberter Abend«, Ihr werdet es nicht glauben, aber genau

das gleiche Motto hatten wir in dem Jahr, als ich Prinzessin war. Ist das nicht zum Schreien?
Bob ist seit unserer vorjährigen Weihnachtsepistel wieder befördert worden, und damit sind wir in der nächsthöheren Steuerklasse (gräßlich!). Ich bin sehr beschäftigt mit meiner karitativen Arbeit. Voriges Jahr habe ich 74 Stunden am Telefon verbracht, um das Gebäck für das Große Back-In zusammenzubekommen. Das Team hat mich zur Telefonkönigin ernannt.
Im Juni haben wir Whitcombs alternativ gelebt und sind auf Camping-Tour gegangen. Stellt Euch das vor, fast tausend Kilometer ohne Haute Cuisine! Unser Wohnwagen war 15 m lang, und Bob ist fast wahnsinnig geworden, wenn er versuchte, das Ding rückwärts auf einen Campingplatz zu fahren. Melody hat gesagt, das hätte er nun davon, daß er nicht irgendwohin reist, wo man dem Hausknecht die Autoschlüssel übergibt. Melody ist ein Original. (Drei ihrer Aussprüche sind bereits im *Readers Digest* abgedruckt worden.)
Ich muß sagen, die Fahrt war unvergeßlich. Wir haben einen Vogel gesehen, der Brot von einem Picknicktisch fraß, und einmal haben wir einen großen Abholmarkt besichtigt. Ich werdet zugeben müssen, Barfy Whitcomb liebt das Abenteuer!
Im August hat sich bei uns eine Tragödie ereignet. Chelsey, unsere preisgekrönte Pudelin, wurde von einem deutschen Schäferhund vergewaltigt, der sich durch den Briefspalt Einlaß erzwang. Keiner hat ihre Ehre energischer verteidigt als Bob.
Bob und ich sind zum zwanzigjährigen Klassentref-

fen gefahren. Stellt Euch meinen Schrecken vor, als uns die Platzanweiserin in die Abteilung »Nur für Studierende« führte. Alle wollten wissen, was wir denn täten, um ewig so jung zu bleiben. Wir tun gar nichts Besonderes. Wir essen vernünftig, machen uns regelmäßig Bewegung und sind wohlhabend.
Ich möchte allen denen unter Euch danken, die auf meinen vorjährigen Weihnachtsrundbrief eingegangen sind. (Ihr erinnert Euch doch noch: in dem ich alle Talente der Familie Whitcomb in Reime gebracht habe, die man zu den lieben Weihnachtsliedern singen kann. Es tut einem gut, wenn jemand anerkennt, wie schwer es ist, einen Reim auf Opulenz zu finden.
Joyeux Noël
Feliz Navidad
Merry Christmas

> Barfy und Bob
> Melody und Lewiston
> Chelsey und Bruno

Billie
(Autorin eines Briefes an die frühere Klassenkameradin wegen eines bevorstehenden Besuchs)

> 12. April 1982

Liebe Sal,
was für eine Überraschung, von Dir zu hören! Ich kann einfach nicht glauben, daß es schon drei Jahre her ist, daß Du und die Deinen bei uns zu Besuch waren. Aber dann habe ich zurückgerechnet, wann

ich das Sofa beziehen, neue Matratzen kaufen (ist Tommy inzwischen sauber?) und den Wagen neu lackieren lassen mußte, und tatsächlich, Du hast recht, es sind drei Jahre. Drei behagliche, ereignislose Jahre.
Weil Du eine so gute Freundin bist, wirst Du mich sicherlich verstehen, wenn ich Dir sagen muß, daß wir diesmal leider nicht zu Hause sein werden, wenn Ihr hier durchkommt, obwohl Du kein bestimmtes Datum für Euren Besuch genannt hast. Es gibt dafür so viele Gründe, daß ich kaum weiß, wo ich anfangen soll.
Zunächst: Mutter ist ein Problem geworden. Wenn sie einen ihrer »Anfälle« bekommt, müssen wir schnellstens handeln. Ich weiß, das klingt unbestimmt und geheimnisvoll, aber ich erkläre Dir das später mal, wenn ich mehr Zeit habe. Es ist ein bißchen so wie bei Deinem kleinen Warren. Sieht er immer noch so gern zu, wenn etwas brennt?
Bill und ich machen vielleicht den Sommer über eine Weltreise. Es ist noch nichts beschlossen. Wir müssen uns beim Plänemachen weitgehend danach richten, ob das Geschäft mit der Tankstelle sich bessert und ob er weg kann und ob wir genügend Geld zusammenkratzen können. Du weißt ja, wie das ist.
Sollten wir zu Hause bleiben, wollen wir das ganze Haus innen und außen anstreichen, und Du weißt ja, daß dann für Besuch das Unterste zuoberst ist (besonders wenn Eure Mona sich auf der Toilette einschließt und ihren »Zaubertrunk« in der Toilettenschüssel mischt).

Die Kinder wollen ebenfalls in ein Ferienlager, und so hätten Deine kleinen Engel bestimmt nichts davon, nur gelangweilt herumzusitzen. (Unsere Michelle spricht noch immer von Eurem Myron, der sie als Ziel fürs Pfeilwerfen benutzt hat.)
Ich kann es kaum glauben, daß so viele widrige Umstände zusammenkommen, um unser Wiedersehen zu vereiteln. Der Abschied damals fiel uns allen so schwer.
Bitte ruft uns sofort an, ehe Ihr kommt, damit ich Euch das Neueste über unsere Pläne sagen kann.
Alles Liebe
Billie
P. S. Möglicherweise müssen wir umziehen.

Grace Reingolt
(Autorin eines Briefes an den Präsidenten des Roy Radio–, Fernseh- und Elektrogeräte Großhandels KG)

4. Juni 1982
Betrifft: Abgebrochenen Griff der
Kühlschranktür

Lieber Roy,
am 21. März dieses Jahres fiel plötzlich ohne Grund der Griff unserer Kühlschranktür ab. Weder mein Mann Stoney noch ich waren um diese Zeit im Zimmer.
Am Morgen des 22. März haben wir Sie angerufen, und es kam auch gleich einer Ihrer Kundendienstleute, ein Mann namens Duane, um der Sache

nachzugehen. Er sagte, der Griff könne unmöglich von selbst abgefallen sein, denn der 8 cm lange Bolzen im Inneren sei total verbogen. Ich frage Sie nun, wer soll das gewesen sein? Bestimmt weder mein Mann noch ich, denn wir haben im Wohnzimmer »Dallas« angeschaut, noch unser vierjähriger Sohn Budro, der um die Zeit des bedauerlichen Ereignisses in seinem Schlafzimmer an einem an der Decke befestigten Ersatzreifen schaukelte.

Sie waren immer hochanständig. Auch als damals — ich weiß nicht, ob Sie sich noch daran erinnern — grundlos eine Tube Zahnpasta im Fusselsieb unserer Wäscheschleuder auftauchte und sich ein lebender Hund in einer Strumpfhose um den Pulsator der Waschmaschine geringelt hatte, zweifellos bereits ab Werk.

Ich nehme an, Sie sind an solche Vorkommnisse gewöhnt, uns aber drängt sich der Gedanke an einen Poltergeist auf. Um Ihnen die Mühe zu ersparen, den Kühlschrankgriff ersetzen zu müssen, haben wir uns mit unserem Versicherungsagenten in Verbindung gesetzt, der aber geltend macht, für einen Ersatzanspruch müsse es ein Fall von höherer Gewalt sein. (Er hat offensichtlich noch nie einen Abend erlebt, in dem er von den Gegenständen seines Appetits durch eine Tür ohne Griff getrennt war!)

Zu meinem Leidwesen muß ich Ihnen mitteilen, daß die Garantie auf unseren Kühlschrank nächsten Monat schon 18 Jahre abgelaufen ist. Da ich jedoch weiß, wie sehr Sie auf Ihren Ruf als kulanter Geschäftsmann bedacht sind, erwarten wir, die Opfer des Ereignisses, eine baldmögliche Regelung, ohne daß uns Kosten entstehen.

Freundliche Grüße
Grace Reingolt

Melissa Johnsey
(Verfasserin von Anweisungen für ihre Mutter, die ihre sechs Wochen alte Tochter hüten sollte)

Mom!
Bitte leg Dir einen Vorrat elektrischer Birnen für das Wechseln von Windeln und Knieschützerchen an, ehe Bo eintrifft. Voriges Mal waren nicht genügend da.
Besorg Dir vier Pakete Tag-Windeln für ein Baby von 15 Pfund.
Und vier Liter entrahmte Milch. Vergewissere Dich, daß das Frischedatum nicht abgelaufen ist.
Massenhaft Feuchttüchlein und Plastiktüten für schmutzige Windeln.
Flaschen kommen in die Spülmaschine, Kappen und Sauger jedoch müssen handgespült werden. Bitte durch das Saugerloch Wasser drücken, um sicherzugehen, daß es funktioniert. Gasblasen tun einem Kind weh.
Milde Gesichtsseife.
Vanilleeis.
Zwei Plastikeimer und einen Korb für Wäsche.
Handelsübliche Waschmaschine und Trockenschleuder kann verwendet werden.

Bitte keine Haustiere in das Zimmer lassen, in dem Baby sich aufhält.
Solange Baby schläft, Telefonhörer aushängen.
Thermometer nach Gebrauch gut herunterschlagen und in Alkohol aufbewahren.
Krippe nie unter Rohrleitung stellen.
Unbenutztes Spielzeug in Plastikbeutel aufbewahren.
Kinderpuder in die Hände, nicht direkt auf die zu pudernde Stelle streuen.
Unbedingt ausnahmslos Hand unters Köpfchen legen zur Stütze.
Bitte nicht zu viel kitzeln, kuku-da spielen oder tätscheln. Wenn sie zu sehr lacht, spuckt sie ihre Milch wieder aus.
Gelegentlich Temperatur messen. (Notrufnummern auf beigefügtem Zettel.)
Es ist Deine Enkelin, genieße sie in aller Ruhe. Die drei Stunden sind schnell vorbei.

Alles Liebe
Melissa

Die Spezialmutter

Die meisten Frauen werden durch Zufall Mutter, manche freiwillig, einige unter gesellschaftlichem Druck und ein paar aus reiner Gewohnheit.
Dieses Jahr werden 100 000 Frauen Mütter behinderter Kinder werden.
Haben Sie sich schon einmal Gedanken darüber gemacht, nach welchen Gesichtspunkten die Mütter behinderter Kinder auserwählt werden?
Ich stelle mir Gott vor, wie er über der Erde schwebt und sich die Werkzeuge der Arterhaltung mit größter Sorgfalt und Überlegung aussucht. Er beobachtet genau und diktiert dann seinen Engeln Anweisungen ins riesige Hauptbuch.
»Armstrong, Beth: Sohn. Schutzheiliger: Matthias. Forest, Marjorie: Tochter. Schutzheilige: Cäcilie. Rutledge, Carrie: Zwillinge. Schutzheiliger? Gebt ihr Gerard, der ist es gewohnt, daß geflucht wird.«
Schließlich nennt er einem Engel einen Namen und sagt lächelnd: »Der gebe ich ein behindertes Kind.«
Der Engel wird neugierig: »Warum gerade ihr, o Herr? Sie ist doch so glücklich.«
»Eben deswegen«, sagt Gott lächelnd. »Kann ich

einem behinderten Kind eine Mutter geben, die das Lachen nicht kennt? Das wäre grausam.«
»Aber hat sie denn die nötige Geduld?« fragt der Engel.
»Ich will nicht, daß sie zu viel Geduld hat, sonst ertrinkt sie in einem Meer von Selbstmitleid und Verzweiflung. Wenn der anfängliche Schock und Zorn erst abgeklungen sind, wird sie es tadellos schaffen. Ich habe sie heute beobachtet. Sie hat den Sinn für Selbständigkeit und Unabhängigkeit, die bei Müttern so selten und so nötig sind. Verstehst du: das Kind, das ich ihr schenken werde, wird in seiner eigenen Welt leben. Und sie muß es zwingen, in der ihren zu leben, das wird nicht leicht werden.«
»Aber, Herr, soviel ich weiß, glaubt sie nicht einmal an dich.«
Gott lächelt. »Das macht nichts, das bringe ich schon in Ordnung. Nein, sie ist hervorragend geeignet. Sie hat genügend Egoismus.«
Der Engel ringt nach Luft. »Egoismus? Ist das denn eine Tugend?«
Gott nickt. »Wenn sie sich nicht gelegentlich von dem Kind trennen kann, wird sie das alles nicht überstehen. Diese Frau ist es, die ich mit einem nicht ganz vollkommenen Kind beschenken werde. Sie weiß es zwar noch nicht, aber sie ist zu beneiden. Nie wird sie ein gesprochenes Wort als etwas Selbstverständliches hinnehmen. Nie einen Schritt als etwas Alltägliches. Wenn ihr Kind zum ersten Mal Mama sagt, wird ihr klar sein, daß sie ein Wunder erlebt. Wenn sie ihrem blinden Kind

einen Baum, einen Sonnenuntergang schildert, wird sie ihn so sehen, wie nur wenige Menschen meine Schöpfung jemals sehen.
Ich werde ihr erlauben, alles deutlich zu erkennen, was auch ich erkenne – Unwissenheit, Grausamkeit, Vorurteile –, und ich werde ihr erlauben, sich darüber zu erheben. Sie wird niemals allein sein. Ich werde bei ihr sein, jeden Tag ihres Lebens, jede einzelne Minute, weil sie meine Arbeit eben so sicher tut, als sei sie hier neben mir.«
»Und was bekommt sie für einen Schutzheiligen?« fragt der Engel mit gezückter Feder.
Da lächelt Gott. »Ein Spiegel wird genügen.«

Ginny

Als der Hund anfing zu bellen, wuße Ginny sofort, jetzt kam ihre Schwester.
Der Hund versuchte seit sieben Jahren ohne Erfolg, ihr die Zähne in die Beine zu schlagen. Aber Peggys Beine waren auch *zu* verlockend, selbst für einen ausgewachsenen Dobermann.
»Dieser Hund sollte einem Rechtsanwalt gehören«, schalt Peggy. »Wo ist B. J.?«
»Schaut sich *Dallas* an.«
»Was hat ein vierzehnmonatiges Baby von so einer Sendung?« fragte sie in scharfem Ton.
»Unterhaltung«, seufzte Ginny, »sonst nichts.«
Peggy warf ihrer Schwester einen mißbilligenden Blick zu und kniete vor einem kleinen Kind nieder, das, durch Kissen gestützt, in einem Stuhl saß.
»Hallo, B. J.«, rief sie. »Ich bin's, Tante Peggy. Kennst du mich noch? Aber ja doch, nicht wahr?«
»Du brauchst nicht zu brüllen«, sagte Ginny. »Er ist zurückgeblieben, nicht taub.«
»Du bist wohl wieder mal deprimiert, wie? Du siehst um die Augen herum so müde aus.«
»Wen hast du erwartet? Brooke Shields? – Einen Kaffee?«

»Klar. Keinen Zucker bitte. Ich bin auf FdH. Sag mal, hat Sue angerufen?«
»Was will sie diesmal an den Man bringen?« fragte Ginny kurz angebunden.
»Wie kommst du drauf, daß sie etwas verkaufen will? Sie möchte uns einfach nur so einladen, zu einem Abend mit seichten Gesprächen und kalorienreichen Süßspeisen.«
»Sue serviert nie was ohne Grund. Irgend etwas drängt sie einem immer auf: Topfpflanzen, Plastikgeschirr, Modeschmuck. Ich werde immer mißtrauisch, wenn mich jemand zum Dessert einlädt und dann sagt: Ach übrigens, bring dein Scheckbuch mit.«
Peggy nahm ihre Handtasche vom Tisch, ging aber noch nicht gleich. Sie war sich nicht im klaren darüber, ob das ein günstiger oder ungünstiger Augenblick für den Zeitungsartikel über die Mütter behinderter Kinder war. Sie entfaltete ihn langsam. »Du, ich hab da was für dich. Als ich es las, hab ich gleich an dich denken müssen.«
»Wundert mich kein bißchen. Seit ich die Backkonkurrenz der Mehlfirma gewonnen habe, weiß ich, daß ich so ziemlich zu allem passe.«
»Eigentlich wollte ich es bis zum Muttertag aufheben, aber ich könnte mir denken, daß du es schon heute brauchst. Lies es doch mal.«
Ginny tat einen tiefen Atemzug und begann, in leierndem Ton zu lesen:
»Die meisten Frauen werden durch Zufall Mutter, manche freiwillig, einige unter gesellschaftlichem Druck und ein paar aus reiner Gewohnheit.«

Ginnys Kopf fuhr in die Höhe. »Oder auch infolge einer Flasche Tequila auf dem Autorücksitz, das hat sie vergessen.« Dann las sie weiter.
»In diesem Jahr werden 100000 Frauen Mütter behinderter Kinder werden. Haben Sie sich schon einmal Gedanken darüber gemacht, nach welchen Gesichtspunkten die Mütter behinderter Kinder auserwählt werden?«
Ginny legte den Zeitungsausschnitt aus der Hand.
»Mir wird jetzt schon schlecht.«
»Lies weiter«, befahl Peggy.
Ginnys Augen glitten gleichgültig über die Zeilen. Als sie den Artikel fertiggelesen hatte, warf sie ihn auf den Tisch und sagte: »Reiner Quatsch.«
»Ich hatte gedacht, er würde dir etwas sagen«, seufzte Peggy.
»Hat die Verfasserin ein behindertes Kind? Wenn nicht, wer gibt ihr das Recht, zu erzählen, was ich empfinde? Ich habe es satt, daß man mich begönnert. Es ist schlimm genug, mit allem fertig werden zu müssen, man braucht mir nicht auch noch einen Heiligenschein zu verpassen.«
»Ich dachte ja nur.«
»Schau dir doch an, was wirklich los ist«, unterbrach sie. »Das hier ist das einzige Haus im ganzen Block, in dem nie eine Schaukel aufgestellt werden, wo nie ein Trampelpfad über den Rasen führen wird. Ich bin die Mutter, deren Kind nie in einer Kloschüssel spielen, sich nie an mein Bein hängen wird, wenn ich gerade telefoniere. Es wird nie meine Lieblingszeitschrift zerfetzen, nie splitternackt auf und davon laufen. Nie Backe-Backe-

Kuchen machen. Mich nie an den Haaren ziehen. Nie auch nur meinen Namen sagen!«
»Wenn man dich so hört, glaubt man, du müßtest mal einen Abend lang raus. Ich mach dir den Babysitter, wenn du möchtest.«
»Ich brauch keine Kalendersprüche, die man gerahmt an die Wand hängt. Ich habe eine Stinkwut, verstehst du das nicht?«
»Gehst du nicht mehr zu den Zusammenkünften?«
»Nein. Ich habe sie dick, diese Sitzungen des Gruppenelends, wo einem jemand erzählt, Gott laste einem nicht mehr auf, als man tragen kann. Weißt du, was ich finde? Er hat übers Ziel hinausgeschossen. Ich ertrinke, Peggy.«
»Du solltest viel öfter ausgehen.«
»Meinst du, das wüßte ich nicht?« Sie trank einen Schluck Kaffee. »Entschuldige, Peggy. Ich habe einfach eine irre Angst. Ich komm jetzt einigermaßen zurecht. Im Ernst. Rob nimmt es fabelhaft. Und meine Eltern sind einfach wunderbar. Manchmal vergesse ich, *wie* enttäuscht sie sein müssen. Aber, wie es so schön heißt: Die Länge trägt die Last. Ich weiß, wie B. J. in zehn Jahren sein wird, aber wie werde ich sein? Ich finde es gräßlich, was die Verbitterung bei einem Menschen anrichtet. Für irgendwen möchte ich etwas Besonderes sein. Entschuldige, daß ich so durchgedreht habe, aber jedesmal, wenn ich so was lese...«
»Ich verstehe schon«, sagte Peggy und stand auf. »Ich wollte eigentlich nur auf einen Sprung hereinschauen. Brauchst du irgendwas?«

Ginny schüttelte den Kopf und begleitete ihre Schwester zur Tür.
»Tut mir leid, komm wieder, wenn ich wieder normal bin, ja?« Sie umarmten sich.
Als Peggy gegangen war, schaute Ginny nach B. J. Er saß still da, und vor ihm spielte sich *Dallas* ab, eine Geschichte von Habsucht, Konkurrenzkampf und fleischlichen Begierden. Ginny bückte sich, wischte ihm mit einem Stück Zellstoff das Gesicht und steckte es dann in ihren Ärmel.
»Na, Tiger, was machen wir heute? Spielen wir Volleyball im Zimmer?«
Als sie sich aufrichtete, sah sie ihr Spiegelbild und blieb davor stehen, um es genauer zu betrachten. Was sie anschaute, erschütterte sie. Da stand eine Dreißigjährige mit hundertjährigen Augen. Augen, die stumpf und teilnahmslos dreinsahen. Augen ohne Freude. Augen, die zwar blickten, aber nichts er-blickten. Augen, in denen kein Leben war.
Sie wandte sich rasch vom Spiegel ab und stellte die Kaffeetassen zusammen. Eine Zeile aus dem liegengebliebenen Zeitungsausschnitt sprang ihr ins Auge: »Wenn ihr Kind zum erstenmal Mama sagt, wird ihr klar sein, daß sie ein Wunder erlebt.«
Sie kniete sich neben B. J. auf den Boden. »Hör zu, B. J., ich muß dir etwas sagen. Ich bin keine Heilige. Es ist mir wichtig, daß du das weißt. Ich habe dich verflucht – für meine Schuldgefühle, für meine Erschöpfung, für mein ganzes Leben. Ich habe mich gefragt, warum wir zwei geboren wurden. Ich habe noch immer nicht herausgebracht, warum ER uns zusammengespannt hat. Ich weiß

nur, daß zwischen uns etwas ganz Besonderes existiert, etwas, das ich nicht einmal Rob erklären kann. Ich könnte es nicht ertragen, wenn du nicht da wärst — oder nie dagewesen wärst.
Eben jetzt habe ich mich im Spiegel gesehen, wie du mich sehen mußt: besiegt, erledigt und wütend. Aber so bin ich nicht. Ehrlich nicht. Manchmal glaube ich, ich bin diejenige, die behindert ist.«
Ginny hob B. J. aus seinem Stützstühlchen und drückte ihn an sich, während sie mit ihm vor den Spiegel trat.
»B. J., ich habe noch nie was von dir verlangt. Ich habe dich noch nie um etwas gebeten, aber jetzt möchte ich was. Ich möchte, daß du Mama sagst. Ich weiß, es wird nicht gleich tadellos klappen, aber versuch's! Gib irgendeinen Ton von dir. Grunz! Rülps! Irgendwas!«
Aus B. J.'s Mundwinkel quoll Spucke. Es kam kein Ton. Dann bemerkte Ginny seine Augen. Sie starrten in die ihren, wie sie es noch nie gesehen hatte. Anfangs blickten sie nicht geradeaus, aber dann sahen sie sie zum erstenmal an. In ihnen lag Bewußtsein, Interesse, Erkennen. Er wußte, wer sie war!
Rob würde ihr das nicht glauben. Niemand würde ihr das glauben, aber B. J. hatte eben sein erstes Wort gesprochen. Mit den Augen. Er hatte sie »Mama« genannt.
Tränen stiegen ihr in die Augen. Sie nahm den Artikel und schob ihn in die Altpapierschublade. Er blieb Mist, aber an der Sache mit dem Wunder war etwas Wahres.

Do you speak Deutsch?

Als mein Sohn in der ersten Klasse war, wollte seine Lehrerin mich sprechen. Sie begann so:
»Er agiert während des Unterrichts verbal, unternimmt zeitweilig Exkursionen durch den Mittelgang, hat keine entwicklungsfähigen Lernziele und anscheinend keine definitive Konzeption seines Rollenverhaltens. Zur Zeit scheint eine gewisse verstärkende Lenkung mittels Konkurrenzdruck ratsam.«
»Wollen Sie damit sagen, mein Sohn blödelt?«
»So volkstümlich würde ich mich nicht ausdrükken, doch ist Ihre Annahme tendenziell stimmig.«
Als er in die dritte Klasse kam, öffnete beim Elternsprechtag eine Lehrerin einen Schnellhefter und sprach: »Um das Problem einmal ganz schlicht zu umreißen: Bei Ihrem Sohn nehmen infolge seiner niedrigen Motivationsschwelle die Unterrichtsgegenstände im Augenblick keine erstrangige Position ein. Für den Lehrkörper stellt er eine ernste Herausforderung dar, sowohl was die Gruppensteuerung betrifft als auch im Hinblick auf unseren didaktischen Erwartungshorizont und unsere Effizienz.«

Ich versuchte zu erraten, was sie meinte, und schloß auf gut Glück, daß mein Sohn blödelt.
In der vierten Klasse blödelte er immer noch, wurde aber folgendermaßen eingestuft: »Ihm fehlt die grundlegende Einsicht in die Kompetenz der Lehrkraft, und er bleibt beim transfer-bestimmten Environment weit zurück, obwohl er seine kognitive Limitation noch keineswegs erreicht hat.«
In der sechsten Klasse hatte ich eine längere Besprechung mit seiner Lehrkraft, die mir sagte: »Ihr Sohn hat durchaus Potential, ist aber unfähig zu brauchbarem Feedback. Sagen Sie mir doch: Was macht man mit einem Kind, das sich nicht in die soziale Interaktion einfügt, auf die etablierten Konzepte nicht positiv reagiert und bei Störaktionen verharrt? Es tut mir leid, daß ich mich so unumwunden ausdrücken muß, aber Sie begreifen sicherlich die Insuffizienzen und Desiderata des zeitgenössischen Unterrichts.«
Ich verstand wieder nur Bahnhof.
Als mein Sohn in der achten Klasse war, klingelte eines Abends das Telefon. Mein Mann nahm den Hörer ab und nickte eine ganze Weile zustimmend. Als er aufgelegt hatte, wandte er sich an mich und sagte: »Weißt du schon das Neueste? Unser Sohn wird durch curriculare Innovationen nicht motiviert. Man hat Bedenken, er könnte in einer negativ konsonanten Blockierung stagnieren. Man versucht jetzt, sein Problembewußtsein zu stimulieren. Was glaubst du, heißt das?«
»Ich glaube, es heißt, daß er blödelt.«
In seinem zweiten Oberschuljahr lautete die Dia-

gnose, er »habe Probleme, die eine Behaviour-Modifikation angezeigt sein ließen, vielleicht einen modular-flexiblen Arbeitsplan, bei dem ein aggressiver Monopolizer ihn in angenehmer, nicht strafender, doch zügelnder Weise zwingt, eine weniger dominierende Rolle zu akzeptieren.«
In seinem letzten Jahr an der Oberschule bat mich die Beraterin meines Sohnes in ihr Büro und sagte: »Tja, der Augenblick ist gekommen, wo wir das Rebus irgendwie lösen müssen, nicht wahr?«
Dabei lachte sie so laut, daß ich mitlachte.
»Schwer zu sagen, wo die Gründe für das Fehlen der Motivationen und die Apathie liegen, doch ehe sich die Erfolgsoptionen Ihres Sohnes polarisieren, hielt ich doch ein Gespräch mit Ihnen für angebracht. Wir können ihm Möglichkeiten an die Hand geben, daß er sein Potential realisieren und eine gewisse Zielsetzung erreichen kann. Obwohl jetzt ein Abschluß bevorsteht, wollte ich, wenn er nach beendigtem Studium Erfolg haben soll, doch nochmals nachdrücklich auf die Notwendigkeit einer kompetenzorientierten Motivation hinweisen.«
Auf dem Weg hinaus beugte ich mich zu der Sekretärin hinunter und fragte halblaut: »Do you speak Deutsch?«
Sie nickte.
»Was hat sie eigentlich gesagt?«
»Ihr Sohn blödelt«, sagte sie lakonisch.
Ich weiß nicht, ob mein Sohn von seinem Bildungsgang etwas profitiert hat, mein Sprachschatz jedenfalls hat sich dabei enorm erweitert.

Dottie: Gleiches Recht für alle

Dottie Fedstrom war eine ganz und gar sachliche Mutter und erzog ihre Kinder nach den althergebrachten Regeln.
Sie war die geborene Mutter. Sie hatte Hände wie Thermometer, zwei Paar Augen, die durch Türen schauen konnten und auf den ersten Blick erkannten, ob ein Kind an Verstopfung litt oder log. Sie hatte eine Nase, die riechen konnte, ob ein Kind Pfefferminzschokolade gegessen hatte, auch wenn es im Nachbarstaat dem Kopf ins Kissen vergrub.
Dottie hatte sechs Töchter. Sie nannte sie »die Horde«. Sie kaufte ihnen weiße Socken (passend für alle Größen) und braune Halbschuhe, die eine Schwester der anderen weitervererbte. Einmal kaufte sie zwei Ballen blauen Cord, nähte daraus Jacken für alle, und dann blieb ihr noch genug für Vorhänge und Tagesdecken in den Schlafzimmern. (Wie eine ihrer Töchter richtig bemerkte, war nicht zu erkennen, ob sie im Zimmer war oder nicht, solange sie nicht lächelte.)
Wenn eine Tochter Haferbrei zum Frühstück wollte, bekamen alle Haferbrei. Wenn eine die Masern kriegte, sorgte Dottie dafür, daß alle sich

ansteckten. Wenn die erste, der man eine Uhr schenkte, sie verlor, wurde auch keiner der anderen mehr eine anvertraut.
Ob sie zwanzig oder zwei Jahre alt waren: Sie mußten alle um die gleiche Zeit zu Hause sein, bekamen das gleiche Taschengeld, die gleiche Puppe, die gleiche Strickjacke, die gleichen Grammophonplatten und die gleichen Haartrockner zu Weihnachten. Dottie duldete keine Günstlingswirtschaft.
Niemand war überrascht, daß die Mädchen jung heirateten. Sie waren so berechenbar wie ihre Mutter. Zum Schluß hatte Dottie nur noch eine Tochter, Nicky.
Drei Jahre lang mußte Nicky hören:
»Ich kann nicht begreifen, wieso du dir nicht die Haare wachsen läßt wie deine Schwester Leslie. Damit sähst du viel hübscher aus, nicht wie ein zwölfjähriger Bengel.
Als Pammie noch dein Zimmer bewohnte, hatte sie immer diese wirklich hübsche rosa Tagesdecke. Sie muß noch irgendwo sein. Ich werde sie für dich heraussuchen.
Weiß deine Lehrerin, daß du Wendys Schwester bist? Sie hätte doch das Kleid erkennen müssen. Es war Wendys Lieblingskleid.
Du bist genau wie deine Schwester Leah. Die konnte auch nie mit Geld umgehen. Jede Woche wollte sie einen Vorschuß auf ihr Taschengeld.
Du und Alice, ihr habt Menschen nie gut beurteilen können.
Nun hör mal zu! Deine fünf Schwestern waren

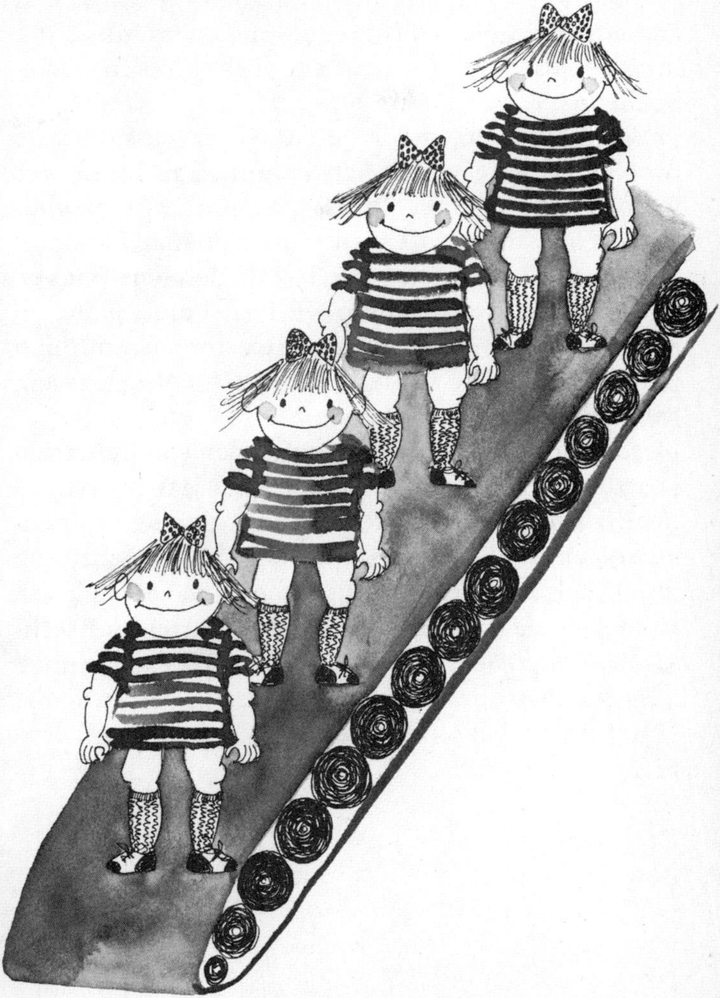

sämtlich schon vor ihrem 21. Geburtstag verheiratet!«

Es war Nicky nicht bestimmt, in ihrem Leben etwas Originelles zu tun. Sie war das Produkt einer Xerox-Maschine, die man auf sechs Kopien eingestellt hatte.

Auch ihre Hochzeit war genau wie erwartet – eine Kopie der Feier ihrer Schwestern. Ihr Kleid war vom gleichen Schnitt, das Blumenbukett vom gleichen Floristen, das Essen vom gleichen Lieferanten, der Hochzeitskuchen vom gleichen Bäcker. Sie bekam von ihren Eltern die gleichen Geschenke, die auch ihre Schwestern bekommen hatten: einen Grillherd und zwei Kopfkissen, gefüllt mit Gänsedaunen.

Als sie im kleinen Nebenraum der Kirche darauf wartete, neben ihrem Vater zum Altar zu schreiten, erschien ihre Mutter mit dem gleichen tränenüberströmten Gesicht wie bei den Hochzeiten ihrer Schwestern. Sie nahm Nickys Gesicht in beide Hände und flüsterte ihr den letzten mütterlichen Rat zu (den sie auch ihren Vorgängerinnen gegeben hatte): »Sei immer ganz du selbst, sonst wirst du nie glücklich werden.«

Chaos-Kids

Grand Rapids, Michigan.
Robin Hawkins könnte das Modell für »die schrecklichen Zweijährigen« gewesen sein: Dieses Kleinkind hat nämlich nach gegenwärtigem Stand binnen zwei Monaten Schaden in Höhe von 3000 Dollar angerichtet.
Zuerst war es die Rohrleitung, dann die Spülmaschine, der Kühlschrank und der Wagen. Nichts entging dem Wüten der zweijährigen Tochter von Rolf und Bernie Hawkins.
Robins Schreckensspur begann auf der Toilette, einem bekannten Problemort für Kleinkinder. Dort wurde ein Schmusetier namens Alice, die Katze, eingetaucht, ertrank und wurde weggespült.
Hawkins, der über die Taten seiner Tochter pflichtgemäß Buch führte, trug die notwendig werdenden Ausgaben säuberlich in sein gelbes Notizbuch ein:
62 Dollar für den Installateur, 2 Dollar 50 für ein neues Schmusetier namens Alice.
Doch das war erst der Anfang.
Robins Entschluß, ihren Teddybär oben auf dem Heizelement der Spülmaschine zu baden, kostete

ihren Vater 375 Dollar Reparatur, zusätzlich 25 Dollar für Rauchschäden und – natürlich – 8 Dollar für einen neuen Teddybär.

Dann kam die Sache mit dem Kühlschrank. Anscheinend gelang es Robin, ein paar magnetische Buchstaben in die Lüftungsschlitze zu stecken. Unmittelbar danach fuhr die Familie ins Wochenende. Dadurch brannte der Motor aus. Kosten: 310 Dollar für den Kühlschrank, 120 Dollar für verdorbene Lebensmittel und 3 Dollar 75 für neue magnetische Buchstaben.

»Eines Abends setzten wir uns vor den Fernseher«, erzählte Hawkins, seines Zeichens Polizeioffizier der East Grand Rapids. »Aber Robin hatte die Feineinstellung so verbogen, daß sie im Inneren des Apparats abgebrochen war.«

Reparaturkosten 115 Dollar.

Am nächsten Tag fuhr Mrs. Hawkins ihren Mann abholen. Er tat – als Zweitjob – Teilzeitdienst in Sparta. Als sie den Wagen verließ, schlief Robin in ihrem Kindersitz. Die Wagenschlüssel befanden sich in ihrer Handtasche. Die Handtasche befand sich im Wagen. Hawkins berichtete später: »Wir hörten den Wagen starten und rannten hinaus. Wir kamen eben noch zurecht, um mit anzusehen, wie er die Straße hinunterfuhr.«

Der Wagen prallte gegen einen Baum. Kosten: 1029 Dollar Reparaturen.

Ein paar Tage später wollte Robin auf der Stereoanlage ein paar Bänder abspielen. Kosten 36 Dollar für Bänder und 35 Dollar für die Reparatur des Bandgeräts.

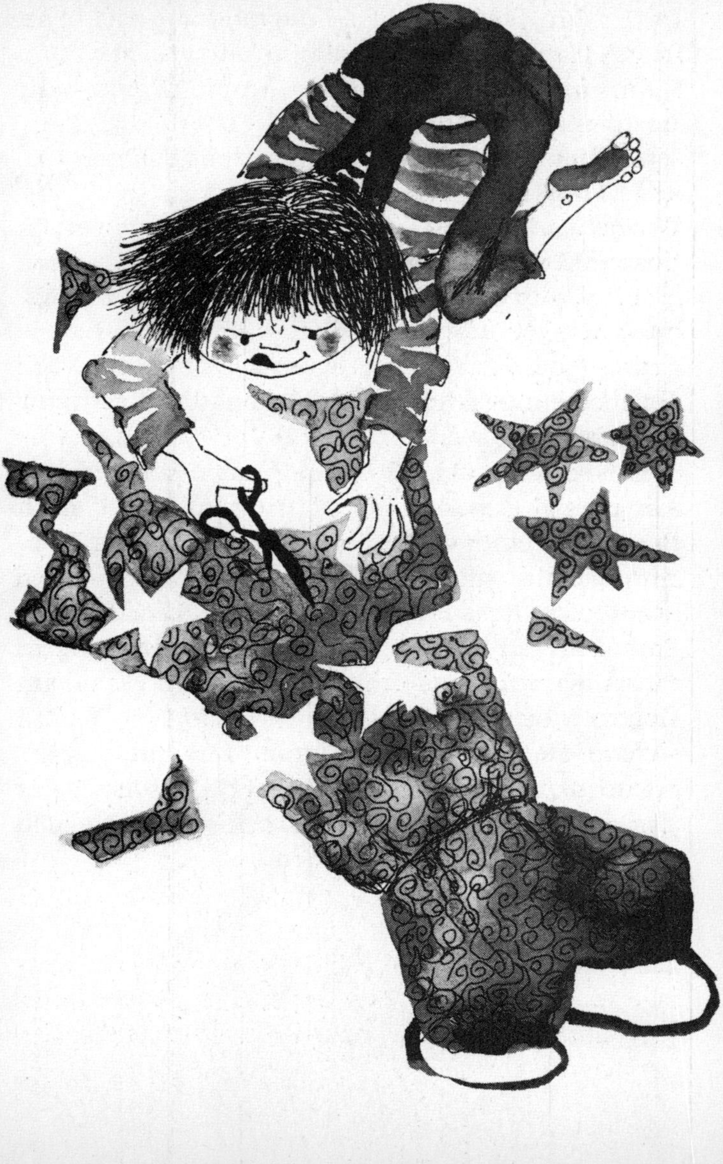

Kurz danach parkten die Hawkins nach einer Einkaufsfahrt den Wagen mit der vorderen Hälfte in der Garage und ließen, da sie einiges aus dem Kofferraum auszuladen hatten, Robin angeschnallt in ihrem Kindersitz.

»Meine Frau hatte ja die Schlüssel, da dachten wir, alles sei o. k.«, sagte Hawkins.

Es war auch alles o. k., aber dann hörten sie einen gewaltigen Krach, stürzten hinaus und stellten fest, daß die automatische Garagentür die Kühlerhaube eingedrückt hatte, weil – dreimal dürfen Sie raten – die im Wagen eingeschlossene Robin den Fernbedienungsknopf gedrückt hatte. Rechnung 120 Dollar.

Robin klaute auch 620 Dollar aus der Registrierkasse eines Supermarkts, bohrte fünfzig Löcher in die Wände einer von ihren Eltern gemieteten Wohnung, malte mit Nagellack auf der Tapete und stellte die Rasenmähmaschine auf Leerlauf, die daraufhin die Einfahrt hinuntersauste und um ein Haar den auf dem Gehsteig stehenden Nachbarn überrollt hätte.

»Wenn sie eines Tages kommt und mich fragt, wieso sie kein Taschengeld kriegt, werde ich ihr das hier zeigen«, sagte Hawkins neulich und schwenkte das gelbe Heftchen.

Brooke und ihr Musterknabe

Wenn Brooke ihre Schwester besuchte, setzte sie sich nie, ohne erst mit der Hand über den Sitz gefahren zu sein.

Das ganze Haus glich einem gigantischen Spielställchen, bewohnt von fünf lebhaften Kindern mit klebrigen Händen und Schnullermäulchen, denen aus allen Gesichtsöffnungen irgend etwas tropfte. Im Ernst, das Haus war die reinste Schutthalde! Ein einsamer Goldfisch schwamm in einem antiken Glas, drei lange Eisteelöffel, die Brooke ihrer Schwester passend zum Tafelsilber am Hochzeitstag geschenkt hatte, staken im Blumenbeet, und sie hätte schwören können, daß über der Windel des Jüngsten ein Regenbogen stand.

Beide Schwestern waren in einer Atmosphäre von feinem Porzellan, guten Büchern, Orientteppichen und Damastservietten groß geworden. Irgendwann schien ihre Schwester den falschen Weg eingeschlagen zu haben.

In den sechs Jahren ihrer Ehe hatten Brooke und ihr Mann Clay viel darüber nachgedacht, wie ihr Kind erzogen werden sollte. Bei ihnen war alles geplant: jedes einzelne Möbelstück in ihrem Stadthaus aus

Weiß und Chrom, ihr Zweisitzer, ihre jeweiligen Berufe, ihre Clubzugehörigkeit – und ihr Baby.
Brooke sollte im Februar schwanger werden, wenn die Feiertagseinladungen vorbei waren, im Mai noch schlank genug sein, um sich in der Sonne braunbrennen zu lassen, und rechtzeitig entbinden, so daß ein Familienbild noch als Weihnachtskarte verschickt werden konnte.
Brooke und Clay machten jedoch einen Fehler.
Sie versprachen einander Dinge, die junge Eltern besser nicht versprechen sollten:
Ihr Baby würde ihr Leben *nicht* beherrschen.
Sie würden sich nie so weit erniedrigen, Plastik zu benutzen.
Sie würden niemals die Bücher unten im Teewagen und die geschliffenen Gläser außer Reichweite ihres Kindes aufbewahren.
Sie würden ihr Kind überall hin mitnehmen können, ohne sich seiner schämen zu müssen.
Dies alles äußerten sie öffentlich, so daß alle Leute es hörten.
Irgendwo steht geschrieben, daß Eltern, die anderer Leute Kinder kritisieren und der Allgemeinheit verkünden, sie würden es besser machen, das Schicksal herausfordern.
Zu den Selbstgerechten, die diesem Gesetz zu trotzen suchten, gehören Mia Farrow, die *Rosemary's Baby* gebar, Lee Remick, die Damien in *Das Omen* zur Welt brachte, und die Eltern der Mörderin Lizzie Borden.
Es erstaunte daher niemanden außer Brooke, als bei ihr einen Monat zu früh während eines

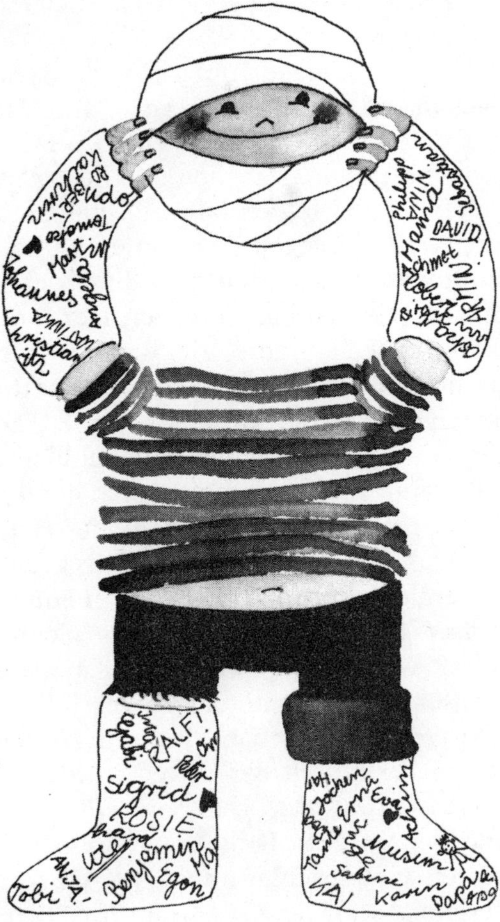

Johannes
Angelo
Christian
udo
Philipp
NINA
Mama
DAVID!
Achmet
Sebastian
RALF!
Sigrid
ROSIE
Ute
Benjamin
Egon
ANJA
Tobi
Jochen
Erna
Eva
Achim
Tante
Sabine
KAI
Karin
Papa

Kostümfestes im Club die Wehen einsetzten und man sie Hals über Kopf in die Klinik fuhr, wo sie Wesley das Leben schenkte. Arrangiert hatte sie die ganze Sache miserabel; sie war als Nonne auf das Fest gegangen.

Brooke beharrte eigensinnig darauf, Wesley sei kein besonders schlimmer Junge, nur ein sogenannter »Unfäller«. Er begann jeden Tag wie die gewissen batteriebetriebenen kleinen Autos, die man aufzieht und laufen läßt und die erst stehenbleiben, wenn sie gegen etwas prallen und kaputtgehen. Brooke fand hierfür gern die abschließende Formel: »Wesley ist eben ein richtiger Junge.«

Als Wesley sechs Jahre alt war, las sich sein Gesundheitspaß wie die ersten 18 Kapitel eines Handbuchs für Erste Hilfe. Er trank Farbe und pinkelte eine Woche lang veilchenblau. Er riß einen Kaugummiautomaten auf sich herab, fiel aus dem Gitterbett, verschluckte einen Penny, zerschnitt sich die Lippe an einer weggeworfenen Konservendose, verfing sich mit dem Fuß in einem Einkaufswagen und mußte mit dem Schneidbrenner befreit werden, aß eine Plastikbanane und zerbiß ein Rektalthermometer in zwei Teile.

Er stieß sich den eigenen Finger ins Auge, brach sich beim Fernsehen den Arm, wurde von einer bösartigen Schildkröte gebissen, stürzte auf dem Eis und bekam eine Beule am Steißbein, stopfte sich einen Golfabschlagbolzen ins Ohr und wettete, er könne einen Kopfsprung in 90 cm tiefes Wasser machen. Er verlor die Wette.

Brooke fuhr so oft zur Notaufnahme des Kranken-

hauses, daß man ihr von dort Kartengrüße schickte, wenn Wesley zufällig einmal heil war.
Und doch gab sich Brooke kein einziges Mal geschlagen. Andere Kinder »verblödeten bei der ewigen Fernseherei«, Wesley aber durfte davorsitzen, denn er war »neugierig und voller Wissensdurst«. Wenn andere Kinder jemand aus dem Weg schubsten, waren sie »aggressiv«, Wesley aber durfte es und war nur »durchsetzfreudig«. Wenn andere Kinder ohne Erlaubnis der Mutter aus deren Portemonnaie Geld nahmen, konnte man es als »Diebstahl« bezeichnen, wenn Wesley es tat, war es nur eine »Stärkung des gegenseitigen Vertrauens«.
Anfang Juni lächelte Brooke stoisch, als ihr der Frauenarzt mitteilte, daß sie nach dem Ergebnis des Ultraschallgeräts Zwillinge erwarte.
Normalerweise hätte eine solche Nachricht eine Mutter nachdenklich machen müssen – nicht aber Brooke.
Sie stieg auf dem Heimweg aus, um frische Blumen für den Eßtisch zu kaufen.
Sie rief ihren Mann an, teilte ihm die große Neuigkeit mit und vermerkte dankbar, daß man das Muster des Babysilbers nachbestellen könne.
Sie rief ihre Schwester an und sagte, das Abonnement für die Oper behalte sie bei, so früh kämen die Babys nicht. Sie informierte auch Wesley und schickte ihn zum Nachbarn zum Spielen.
Dann zog sie sich mit einer Flasche Wodka in ihr Zimmer zurück, und man sah sie erst am nächsten Tag um 4 Uhr nachmittags wieder.

Für Krisen geboren

Manche Mütter sind wie geschaffen für kritische Situationen. Stets sind sie darauf vorbereitet. Sie sitzen in ihren farblich abgestimmten Kostümen da, die Wagenschlüssel in der einen, den Leitfaden für Erste Hilfe (mit Illustrationen über Pressurpunkte) in der anderen Hand.

Wenn ein Kind heulend durch die Hintertür hereinkommt und ruft: »Mami, Mami, Mikey hat ein Wehweh, das blutet«, stellt so eine Mutter ruhig den automatischen Kochherd auf 18 Uhr Essenszeit, fährt den Wagen aus der Garage (der voll aufgetankt ist), und ab geht's in die Klinik.

Sie ist auch immer dann in der Notaufnahme, wenn ich mit einem Kind eintreffe, das in ein schmutziges Geschirrtuch gewickelt ist und einen Schlafanzug trägt, den ich als Staubtuch benutzen will, sobald die Druckknöpfe rausgetrennt sind.

Sie weiß ihre Versicherungsnummer auswendig und rasselt sie herunter, während ich zu kämpfen habe, um mich an das Alter und den Namen meines Kindes zu erinnern, und schließlich das Datum seiner Geburt in das Jahr verlege, in dem wir den Kühlschrank abgezahlt hatten.

Während sie ganz ruhig ins Wartezimmer geht, die Sonnabend-Literatur-Beilage unterm Arm, suche ich in allen Telefonapparaten nach einem vergessenen Groschen, um meinen Mann anzurufen – wie hieß er doch noch?

Eine der schwersten Aufgaben bei der Aufzucht von Kindern ist die Frage, wann das Kind in ärztliche Behandlung gehört und wann nicht. Oder wie wir es ausdrücken, wenn wir uns zu Weinproben treffen: »Man darf nicht die erste im Wohnblock sein, die einen Fall von Verstopfung im Hundertstundenkilometertempo ins Krankenhaus bringt, aber auch nicht die letzte, die den Apotheker wegen eines komplizierten Bruchs anruft.« Vermutlich gibt es auf dieser Welt kein ärgeres Schuldgefühl, als wenn man ein krankes Kind mit einem Babysitter allein lassen muß. Der Sitter könnte Mutter Teresa in eigener Person sein, es wäre einem immer noch obermies. Irgend etwas daran ist schwer zu ertragen, daß ein Kind sich erbricht, ohne daß man dabei ist.

Ich brauchte einmal mehr Zeit dazu, dem Babysitter Instruktionen zu geben, als mich mein erstes Buch gekostet hat.

Liebe Miss Tibbles!
Die Zäpfchen liegen im Eisschrank neben den Mehlwürmern. Die Mehlwürmer sind für die Eidechse, die frühstücken will, wenn alle anderen frühstücken. Die Zäpfchen sind gegen Bruces Übelkeit. Er wird zwar widerstreben, aber da müssen Sie sich durchsetzen. Und tun Sie sie in den

Kühlschrank zurück, gut gekühlt sind sie besser zu handhaben. Das Antibiotikum muß alle 12 Stunden gegeben werden. Beim Verabreichen früh um 3 Uhr ist Bruce stocksauer und wird Ihnen ins Gesicht spucken, aber erinnern Sie ihn daran, daß es zu seinem Besten ist. Bitte bleiben Sie fest. Das Kinderaspirin ist im Medizinkästchen auf dem obersten Fach. Fangen Sie rechtzeitig an, die Kappe abzuschrauben, sie ist kindersicher und sehr schwer aufzukriegen. Einfach auf den Deckel drükken und gleichzeitig entgegen dem Uhrzeigersinn so lange drehen, bis der Pfeil auf die Vertiefung zeigt, und dann mit dem Daumennagel nach oben reißen. Wenn Sie es nicht schaffen, geben Sie es Bruce. Der kriegt das in zwei Sekunden auf.
Feste Nahrung hat er bis jetzt noch nicht wieder vertragen, aber versuchen Sie es mit Götterspeise und Crackern. Wenn er erbricht, hören Sie damit auf.

Mrs. Bombeck.

Kinderärzte sind auch keine rechte Hilfe. Jahr für Jahr geben sie Ratschläge, die zum besten Komödienstoff unserer Tage gehören.
»Sorgen Sie dafür, daß er es bei sich behält«, ist eine klassische Wendung. Und wie ist es mit: »Hören Sie, er darf nicht kratzen.« Das ist doch, als ob man den Papst auffordert, sich einen Freizeitanzug zu kaufen.
»Halten Sie ihn ruhig und im Bett«, ist auch so ein Bonbon, aber mein unbestrittener Lieblingssatz ist: »Achten Sie auf seinen Stuhlgang.«

Kennen Sie irgendeine Mutter, die je diesem Rat gefolgt ist? Mein Sohn hat einmal einen Groschen verschluckt, und ich war bereit, ihn zu vergessen und von der Steuer abzuschreiben. Meine Mutter war außer sich: »Du mußt das Kind zum Arzt bringen und untersuchen lassen, wo das Ding steckt. Das kann sehr ernst werden.«
Der Arzt untersuchte ihn und entdeckte durch Röntgenstrahlen, daß der Groschen »gewandert« war. Er wandte sich mit ernster Miene an mich und sagte: »Achten Sie auf seinen Stuhlgang.«
»Und wozu soll ich das?« fragte ich.
»Wegen dem Groschen.«
»Geld spielt keine Rolle für uns. Wir haben unser eigenes Haus und einen Mikrowellenherd.«
»Es geht nicht ums Geld«, sagte er. »Wollen Sie denn nicht wissen, was damit passiert?«
»So dringend eigentlich nicht«, sagte ich.
Es gibt gewisse Dinge, die man von einem gebildeten Menschen nicht verlangen kann.

Cora: Was lange währt...

Cora ist eine sehr wichtige Figur in diesem Buch. Hauptsächlich deswegen, weil Erwachsene immer so gern über Kinder Witze reißen.
Klagen ist das Notventil der Mütter. Deshalb hört man so oft Sätze wie: »Geh hinaus und spiel auf der Fahrbahn«, oder »Mein erster Fehler war, deinen Vater zu heiraten. Mein zweiter Fehler warst du.« Und an ganz schlimmen Tagen: »Hätte Gott gewollt, daß ich dich mit in die Kirche nehme, hätte er am Ende jeder Bankreihe eine Toilette eingebaut.«
Es ist wichtig, Cora im Untersuchungszimmer ihres Frauenarztes kennenzulernen. So ein Raum hat ja immer etwas Erschreckendes. Vielleicht deshalb, weil man in einem Papierhemdchen (man hat schon Drinks auf größeren Stücken Papier abgestellt) dasitzt und darauf wartet, Intimstes mit einem Mann zu erörtern, der zwei Jahre jünger ist als das Kuchenblech daheim.
An diesem Tag räusperte sich Cora und wünschte, ihre Füße sähen besser aus. Ihre Fersen hatten Schrunden und ihre Zehennägel gehörten geschnitten. Überhaupt wünschte sie sich, ihr Körper sähe

besser aus. Seit sie vor einem halben Jahr mit dem Rauchen aufgehört hatte, glich ihr Akt einer Avocado. Selbst wenn sie den Bauch einzog, veränderte sich nichts. Vielleicht konnte der Arzt ihr eine Diät verschreiben?
Sie überlegte. Eigentlich war es dumm gewesen zu kommen. Vermutlich fehlte ihr gar nichts. Sie war einfach nur müde. Und vermutlich brauchte sie nur ein bißchen Östrogen.
Die Untersuchung dauerte keine drei Minuten, und nach ein paar Fragen und Notizen lächelte der Arzt und sagte: »Gratuliere. Sie werden Mutter.«
Zum ersten Mal, seit er das Zimmer betreten hatte, sah ihm Cora ins Auge. »Was, bitte, werde ich?«
»Mutter«, sagte er, »Mutter wie Mutter Teresa und Mutter Natur.«
Sie warf ihm die Arme um den Hals und sagte aus einem Grund, der keinem von beiden klar war: »Danke schön.«
Cora konnte es einfach nicht glauben. Seit Jahren hatten Warren und sie alles Erdenkliche ausprobiert. Sie hatten Tabellen geführt, Kerzen gestiftet, Adoptionsanträge gestellt, sogar Schulden gemacht (weil jeder behauptete, das sei der sicherste Weg, schwanger zu werden). Nichts. Die Mutterschaft entzog sich ihr.
»Wissen Sie, ich bin schon 38«, sagte Cora ängstlich.
Des Doktors Miene blieb ausdruckslos. »Wenn Sie noch ein Jahr gewartet hätten, würde die Entbindung von der Medicare-Versicherung bezahlt, ganz

zu schweigen von einer Erwähnung in der *New York Times.* Sie haben einen geknickten Uterus, wir werden also Vorsorgemaßnahmen treffen.«
Nach elf Wochen Schwangerschaft bestieg Cora ihr Bett und verblieb darin, bis sechs Monate später ihr Baby geboren wurde.
Sie aß von einem Tablett, das Warren ihr jeden Morgen zurechtmachte, sah sich im Fernsehen Operetten und Quiz-Sendungen an, las und spielte Gastgeberin für eine Reihe von Prophetinnen, die alles taten, was sie nur konnten, um ihr das Glück ein bißchen zu vermiesen.
Ihre Mutter sagte: »Nun erzähl es mir noch mal: Wie ist das passiert?«
Ihre Schwägerin sagte: »Bist du dir klar, daß das Kind als besondere Erscheinung des Rentnerinnen-Daseins in *Was bin ich?* auftreten kann?«
Ihr Mann schlug vor, ihr Valium in den Haferbrei zu mischen.
Ihre Nachbarin sagte ihr voraus, sie würde über alles ganz anders denken, wenn das Gör erst da war und die Leberflecken auf Mamis Armen mit Bleistiftstrichen verband.
Der Zeitungsjunge sagte: »Ich hab ja gedacht, Sie wär'n die älteste Mutter in ganz Nordamerika, aber dann hab ich im ›Guiness Buch der Rekorde‹ nachgesehen, und da steht, daß eine Frau ein Kind geboren hat, die war 57 Jahre und 129 Tage.«
Ihr früherer Chef ließ sie wissen, der Ausdruck »Kinder erhalten einen jung« stamme von einer neunzehnjährigen Mutter in Milwaukee, die mit 22 bereits leugnete, es je gesagt zu haben.

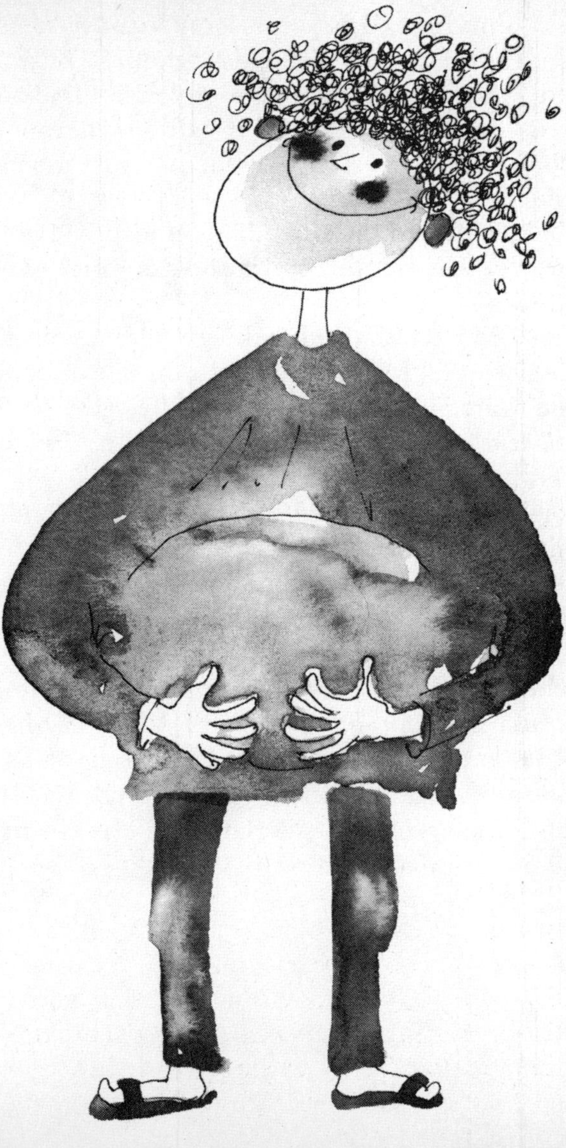

Doch dieses Kapitel soll nicht schließen, ohne daß ich erwähnt habe, daß die meisten Kinder Wunschkinder sind. Für jedes Kind, das in einem Busbahnhof ausgesetzt wird, gibt es eine lange Liste adoptionswilliger Eltern, die seit Jahren warten und beten, einmal ein Baby auf dem Arm haben zu dürfen.
Für jede Frau, die abtreiben läßt, eine, die gegen die widrigsten Umstände für ihr und des Kindes Leben kämpft.
Für jede Mutter, die sich beklagt, wieviel ein Kind kostet, wieviel Mühe es macht und wie anders ihr Leben wäre, wenn sie keines hätte, gibt es Tausende von Frauen, deren Leben ohne ein Kind nicht vollkommen wäre.
Im Mai gebar Cora einen gesunden sechspfündigen Sohn. Ein solches Gefühl der Heiterkeit hatte sie nie empfunden und würde sie auch nie wieder empfinden.
Ein Stück Cora steckt in uns allen. Mehr, als wir zugeben möchten. In welchem Alter auch immer wir sein mögen, das Wunder, das sich in uns begibt, bewegt uns tief. Der Prozeß, der uns die Unsterblichkeit garantiert, erfüllt uns mit Glück und Staunen. Warum widerstrebt es uns eigentlich so sehr, das zuzugeben?

Stiefmütter mit schlechtem Ruf

Schneewittchens Stiefmutter

Es war Queenie Whites erste Heirat.
Mit ihren siebenunddreißig Jahren hatte sie gemeint, so etwas käme für sie nicht mehr in Frage. Manchmal mußte sie sich kneifen, um ganz sicherzugehen, daß sie nicht träumte.
Sie war mit einem erfolgreichen König verheiratet, einem mit Schloß im Villenvorort und einem kleinen, wunderschönen Kind, das aussah wie eine Pampers-Reklame.
Es hätte ein Idyll sein können, doch es war keines. Die kleine Snow nahm es Queenie übel, daß sie ihren Vater geheiratet hatte. Sie hätten es zu zweit so nett haben können. Sie waren so fröhlich miteinander gewesen, ehe Queenie auftauchte. Bei der Hochzeit teilte Snow ihrer neuen Stiefmutter mit, sie trüge nach altem Brauch »etwas Altes, etwas Neues, etwas Geborgtes und etwas Blaues«. Doch all diese Symbole vereinigten sich in einem einzigen Kleidungsstück, einem Paar ausgefransten, verblichenen Jeans.
Queenie wußte genau, daß Snow sehr verzogen

war, aber sie faßte sich in Geduld und belastete ihren Mann nie mit diesem Problem.
Wenn Snow im Schloß eine Schlummerparty für die jungen Turnierritter gab, deckte Queenie ihr den Rücken. Sie nahm die Schuld an der Delle in des Königs Wagen auf sich. Und als sie Snow mit ein paar Bekannten den Croquet-Rasen rauchen sah, schwieg sie still.
Eines Tages erblickte sie ihr Bild im Spiegel und fragte laut: »Spieglein, Spieglein an der Wand, wer ist die Dümmste im ganzen Land?« Und wußte die Antwort schon, ehe der Spiegel den Mund auftat.
So konnte es nicht weitergehen. Sie sah kurz in Snows Zimmer hinein.
»Snow«, sagte sie leise, »irgendwie haben wir keinen Kontakt zueinander, und ich weiß nicht, warum.«
»Weil du herzlos und grausam bist«, sagte Snow. »Du wärst froh, wenn es mich in der Luft zerrisse, weil ich dich dauernd dran erinnere, wie schön meine Mutter war.«
»Ich wünsche mir so sehr, daß wir uns verstehen, weil wir beide den gleichen Mann lieben und weil er Besseres verdient hat«, sagte Queenie.
»Steck dir das hinter den Spiegel«, sagte Snow. »Glaubst du, ich hätte nicht gemerkt, daß du mit dem redest? Du bist ja nicht normal!«
»Hast du eine Vorstellung, was Liebe wirklich ist? Liebe bedeutet, jemanden so gern zu haben, daß man ihm die Wahrheit sagt, selbst wenn man dadurch seine Zuneigung verliert. Warum reißt du dich nicht zusammen? Hör auf, dich anzuziehen

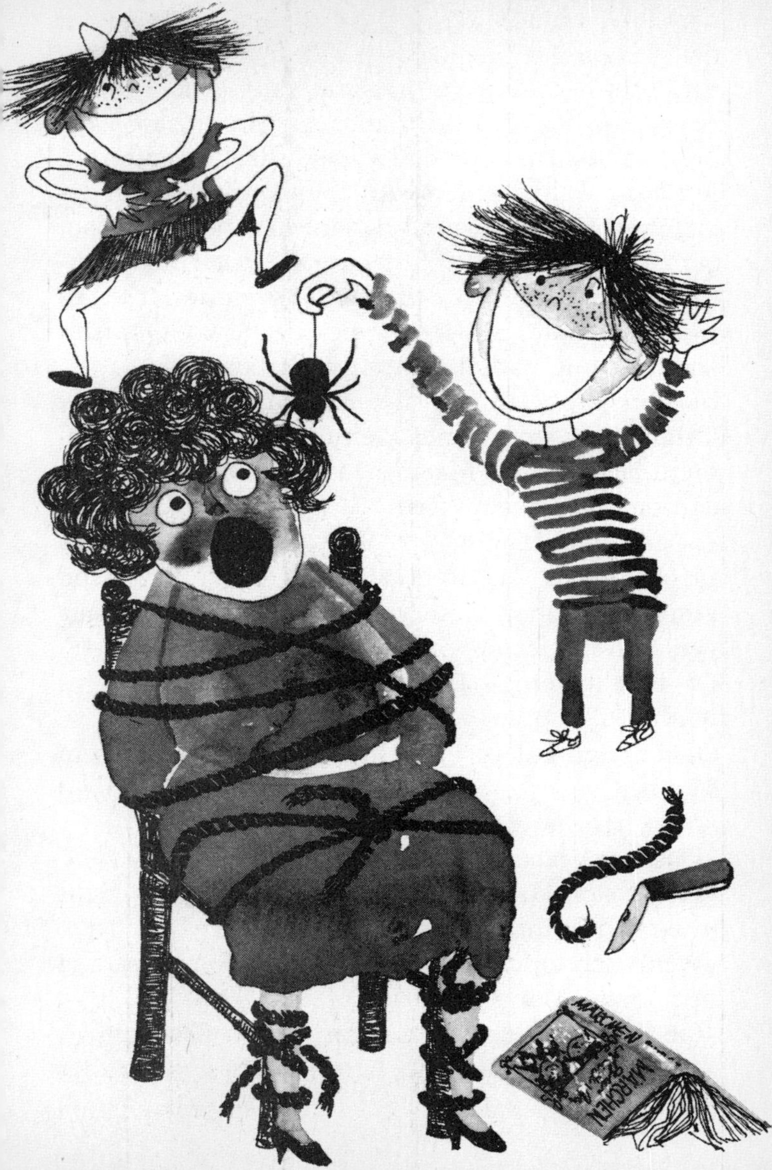
MÄRCHEN
MÄRCHEN

wie im Fasching, bring ein bißchen Ordnung in dein Leben. Melde dich im College an. Leiste unbezahlte Hilfsdienste im Krankenhaus. Oder ich sag es deinem Vater, was du alles angestellt hast.«

Snow bekam es mit der Angst, daß Queenie ihre Drohung wahrmachen würde, und ging noch in der gleichen Nacht auf und davon, in einen Wald bei San Francisco. Dort entdeckte sie auf einer Lichtung eine Hütte, in der eine Kommune lebte. Es war das erste Mal, daß sie irgendwo Quartier suchte, ohne vorher bestellt zu haben.

In den drei Jahren, die folgten, spielte Snow Gitarre, zog ihr eigenes Gemüse und machte Blumenübertöpfe aus Macramé in Form einer Eule für den ortsansässigen Gärtner.

Es gibt sicher auf der Welt kein schlechteres Gewissen als das einer Stiefmutter, die ihr Kind vom heimischen Herd vertrieben hat. Tag für Tag versuchte Queenie, Snow wiederzufinden.

Da brachte eines Tages ein Bote eine Nachricht von ihr.

Queenie ging damit pflichtgemäß sofort zu ihrem Mann.

»Man hat Snow gefunden.«

»Das ist ja fabelhaft«, sagte der König.

»Nicht ganz so fabelhaft«, sagte Queenie. »Sie lebt in einer Kommune im Wald.«

»Wenn schon, es gibt Schlimmeres. Sie könnte ja mit einem Mann leben.«

»Sie lebt mit sieben Männern. Lauter Zwergen.«

»Ich wünsche, daß sie heimkommt«, sagte der König.

Da kam Snow mit einem Mann und einem Baby zurück und bat, wieder in die Familie aufgenommen zu werden.
Das Ehepaar und das Kind schliefen auf Matratzen, beleuchteten ihr Zimmer mit in den Sand gesteckten Kerzen, tranken Ziegenmilch, aßen Sonnenblumenkerne und meditierten und rezitierten den lieben langen Tag.
Und eines Tages stand Queenie wieder vor dem Spiegel und fragte: »Spieglein, Spieglein an der Wand, wie werde ich mit dieser Geschichte fertig?«
Da antwortete der Spiegel: »Sauf!«

Aschenputtels Stiefmutter

Sie hieß Buffy Holtzinger.
Doch in der Welt der Märchen kannte man sie nur unter dem Namen »Aschenputtels böse, gemeine und häßliche Stiefmutter«.
Buffy zog Versager an wie ein weißes Kleid die Flecken. Als erstes Ray, der sie mit einer kleinen Tochter sitzenließ (eine weitere war unterwegs). Dann Eugene, der seine Tochter Aschenputtel mit in die Ehe brachte und sich dann davonmachte, um sich in Ruhe über seine Gefühle klarzuwerden.
Buffy war eine der ersten berufstätigen Mütter des Viertels. Sie gab sich keinen Moment der Illusion hin, eine »richtige Mutter« zu sein (eine Tatsache, die ihr Aschenputtel mindestens fünfzehnmal täglich ins Gedächtnis rief). Sie arbeitete. Sie kam heim und brüllte herum, bis sie Krampfadern im

Hals hatte. Dann fiel sie ins Bett. Sie glaubte, daß sie wie Rapunzel in einem Turm enden und ihr langes Haar flechten würde, wenn sie weiterhin drei weibliche Teenager allein aufziehen müsse. Sie mußte sie verheiraten, sonst verlor sie den Verstand. Ihre eigenen beiden waren schlimm genug. Immer mürrisch. Hingen den ganzen Tag im Haus herum, lasen den *Palace Enquirer*, ein Klatschblatt über den Adel, und warteten darauf, daß jemand sie mit dem Löffel fütterte.

Mit bloßem Gammeln wäre Buffy schon fertiggeworden. Aber Aschenputtels lebhafte Phantasie trieb sie auf die Palme. Von Anfang an spielte Aschenputtel mit der Wahrheit, wie andere Kinder mit dem Kaugummi spielen, zog sie, dehnte sie, formte sie, versteckte sie wieder.

In der dritten Klasse erzählte sie der Lehrerin, daß ihre Stiefmutter sie nackt zum Spielen in den Schnee hinausschicke. Sie erzählte, ihre Stiefschwestern bekämen zu Weihnachten seidene Kleider und sie nur eine Urkunde als Blutspender. Sie sagte allen, die es hören wollten, ihre Stiefmutter hasse sie, weil sie hübsch sei, und lasse sie auf den Knien die Böden polieren.

Eines Abends, Buffy stickte gerade an einem Mustertuch mit dem Spruch ›*Man muß so manche Kröte küssen, ehe man seinen Prinzen findet*‹, rief sie Aschenputtel herein: sie habe mit ihr zu reden.

»Aschenputtel«, sagte sie, »warum erzählst du Sachen, die nicht wahr sind?«

»Tu ich gar nicht«, verteidigte sich Aschenputtel. »Ich mache hier alle Arbeit. Ich bin nur ein Dienst-

bote. Du hast deine eigenen Kinder lieber als mich. Daddy und ich waren so glücklich, ehe du kamst. Wenn er da wäre, wäre alles anders.«
»Jeder muß seine Pflicht tun«, sagte Buffy müde. »Und wenn ihr drei eure Pflicht getan habt, dürft ihr Freitagabend zum Ball. Wäre das nicht fein?«
»Mich legst du nicht herein«, sagte Aschenputtel patzig und näherte sich der Tür. »Dir wird schon was einfallen, damit du wieder kneifen kannst. Die Töpfe werden nicht genügend blitzen oder der Fußboden zu wenig glänzen. Ich hasse dich und deine beiden Auswüchse.«
»Nicht Auswüchse – Nachwüchse«, rief Buffy ihr hinterher.
Wie es dann Freitagabend kam, war vorauszusehen. Buffys zwei Töchter gaben sich einigermaßen Mühe, ihre Haushaltspflichten zu erfüllen, aber Aschenputtel zog wieder mal eine große Schau ab, nahm mit der Fingerspitze ein Stäubchen auf und polierte den nächsten Ziegelstein.
Buffy ließ sie hereinfallen. »Von mir aus. Ich habe dich gewarnt. Jetzt halte dich an die Verabredung. Du bleibst zu Hause.«
Ein paar Stunden später war niemand überraschter als Buffy, Aschenputtel auf dem Ball auftauchen zu sehen. Sie nahm eine ihrer Töchter beiseite und fragte: »Wie kommt denn die hierher?«
Ihre Tochter stopfte sich noch ein weiteres Käsekräpfchen in die fette Backe und erwiderte: »Sie erzählt herum, sie hätte eine gute Fee zur Patin, die hätte ihr aus einem Kürbis eine Kutsche gezaubert, und einen Kutscher aus einer weißen Ratte,

livrierte Diener aus Eidechsen und Pferde aus verschreckten Mäusen.«

»Ach du liebe Zeit!« stöhnte Buffy. »Nun sag nur noch, daß sie es dem Reporter des *Palace Enquirer* erzählt hat. Man wird sie in die Klapsmühle stecken. Sag ihr, sie soll sich gefälligst heimtrollen, sonst werde ich dafür sorgen, daß sie acht Tage lang nicht sitzen kann.«

An diesem Abend lernte Aschenputtel auf dem Ball einen Schuhwarenvertreter kennen und heiratete ihn einige Monate später.

Das Glück jedoch entzog sich Buffy weiter, denn Aschenputtel bot einem Verleger ein Manuskript mit dem Titel »Stiefmutters Liebling« an. Der Titel wurde dann in »Aschenputtel« geändert und das Buch auf Anhieb ein Bestseller.

Man sagt ihm nach, es habe Millionen von Frauen davor bewahrt, eine zweite Ehe zu schließen, und wenn sie nicht gestorben sind, so leben sie noch heute...

Die Stiefmutter von Hänsel und Gretel

Wilma lernte den Vater von Hänsel und Gretel bei einer Holzfällerzusammenkunft kennen, und es traf sie wie ein Zauberschlag: Sie liebten die gleiche Musik, das gleiche Essen, die gleichen Witze. Daher war niemand erstaunt, daß Wilma schon drei Tage später ihre Stellung als Sekretärin aufgab und Herb heiratete, um mit ihm und seinen beiden Kindern im Wald zu leben.

Von Anfang an spürte Wilma, daß die Kinder ihre

Anwesenheit übelnahmen. Sie deckten den Tisch für nur drei Personen. Sie husteten auf ihr Müsli, so daß sie es nicht mehr essen konnte. Und eines Abends legten sie ihr einen toten Wolf ins Bett.
»Vielleicht kriegen sie zu viel Süßigkeiten«, meinte sie zu Herb, »sie wirken so hyperaktiv.«
»Unsinn!« sagte er. »Es sind eben lebhafte Kinderchen. Versuch doch, dich mit ihnen gemeinsam zu amüsieren.«
Wilma versuchte es. Sie fuhr mit ihnen auf Picknicks — dabei banden sie sie an einen Baum. Sie las ihnen Geschichten vor, dabei stellten sie eine brennende Kerze unter ihr Kleid. Schließlich sah Wilma das Problem, wie es war: Es handelte sich um Kinder von der Sorte, die beide Eltern umbringen und sich anschließend bedauern lassen, weil sie Waisen sind.
Als sie Herb sagte, es müsse etwas Verhaltenstherapeutisches für sie geschehen, fragte er: »Soso. Und was schlägst du vor?«
»Ich meine, wir sollten sie in den Wald führen und dort verlieren.« Als sie seine entsetzte Miene sah, sagte sie rasch: »Ich mach natürlich nur Spaß, Herb! Verstehst du denn keinen Scherz?«
Aber in diesem Augenblick begann sich in den verdrehten Köpfchen von Hänsel und Gretel ein Plan zu bilden, ein Plan, um Wilma für alle Zeit aus ihrem Leben zu verbannen. Sie planten einen Ausflug in den Wald und verirrten sich absichtlich. Als sie wiederkamen, erzählten sie ihrem Vater, Wilma habe versucht, sie loszuwerden. Die einzige Möglichkeit, überhaupt wieder nach Hause zu fin-

den, sei gewesen, Brotkrümel zu streuen. »Sie hat uns nie leiden können«, sagte Hänsel.
»Alles war so herrlich, ehe sie kam«, sagte Gretel. Eine Woche später planten sie wieder einen Ausflug mit ihrer Stiefmutter, und diesmal verschwanden sie endgültig und besiegelten damit Wilmas Schicksal.
Mehrere Tage nach ihrem Verschwinden wurde das Häuschen von Experten überrannt, die nach Fingerabdrücken fahndeten, nach Indizien suchten und Wilma und Herb so lange verhörten, bis sie keinen zusammenhängenden Satz mehr herausbrachten.
»Die zwei hatten etwas von Rosemarys Baby«, sagte Wilma. »Etwas, was ich nie recht beschreiben konnte.«
»Es waren eben lebhafte Kinderchen«, brummte Herb.
»Du warst ja nicht daheim an dem Tag, als sie sich 138 Tauben an die Arme banden und sagten, jetzt flögen sie nach Südamerika«, sagte Wilma. »Ich sage dir, Herb, diese Kinder waren unheimlich.«
»Wollen Sie damit ausdrücken, daß Sie über ihr Verschwinden froh sind?« fragte der Inspektor.
»Ich sage nur, daß sie ihr Weglaufen geplant hatten«, sagte Wilma.
»Warum haben wir dann wenige Meter vom Haus Brotkrümel gefunden? Tun so etwas Kinder, die verlorengehen *wollen?*«
Wilma wußte keine Antwort. Der Verdacht sprach zu stark gegen sie, sie verteidigte sich nicht. Sie war eine Stiefmutter, die für ihre zwei Pflegebefoh-

lenen nie echte Zuneigung gezeigt hatte. Während des Gerichtsverfahrens, als jemand erwähnte, daß die beiden Kinderlein wohl nie wieder auftauchen würden, lachte Wilma hemmungslos.
Sie wurde wegen des vermutlichen Hinscheidens zweier unschuldiger, hilfloser Kinder zu lebenslanger Gefängnisstrafe verurteilt. Von denen, die sie umgaben, wurde Wilma als total irre und kommunikationsunfähig angesehen.
Eines Tages jedoch fiel Wilmas Auge in der Gefängnisbibliothek auf einen kurzen Artikel in der *New York Times*. Zwei kleine Kinder wurden gesucht, die eine alte Frau in einen Backofen gestoßen hatten. Sie hatten sich Eintritt in ihr Heim verschafft unter der Vorspiegelung, von einer bösen Stiefmutter im Wald verlassen worden zu sein. Nachdem sie die alte Dame beseitigt hatten, rissen sie all ihre Schätze an sich und entkamen auf dem Rücken einer weißen Ente.
Es durchfuhr Wilma kalt. Sie wollte für immer dort bleiben, wo sie jetzt war. Dort war sie sicher.

Auf der Suche nach der »echten Mutter«

Sie sind also Joanies »wirkliche Mutter«!
Ich habe schon millionenmal mit Ihnen gesprochen, im Badezimmerspiegel. Alle meine Reden waren brillant.
Ich dachte, Sie seien größer. Sie kamen mir immer größer vor, wenn wir von Ihnen sprachen. Für mich sahen Sie immer ein bißchen so aus wie Barbara Stanwyck. Fragen Sie mich nicht, warum.
Wir haben nämlich oft von Ihnen gesprochen. Sobald Joanie – so heißt Ihre Tochter jetzt – die Augen geradeaus richten konnte, erzählten wir ihr, sie sei ein adoptiertes Kind. Wir erzählten ihr, daß ihre wirkliche Mutter sie so lieb hätte, daß sie uneigennützig genug war, sich von ihr zu trennen und jemandem zu geben, der ihr alles verschaffen konnte, was sie selbst nicht geben konnte. Das stimmt doch auch, nicht wahr? Nein? Na, egal. Ich will es gar nicht wissen.
Entschuldigen Sie, daß ich Sie so anstarre. Das kommt nur daher, daß ich mein Leben lang sehen wollte, wie eine »wirkliche« Mutter aussieht. Joanie schien Sie immer besser zu kennen als wir. Wissen Sie, nach dem Motto »Meine wirkliche

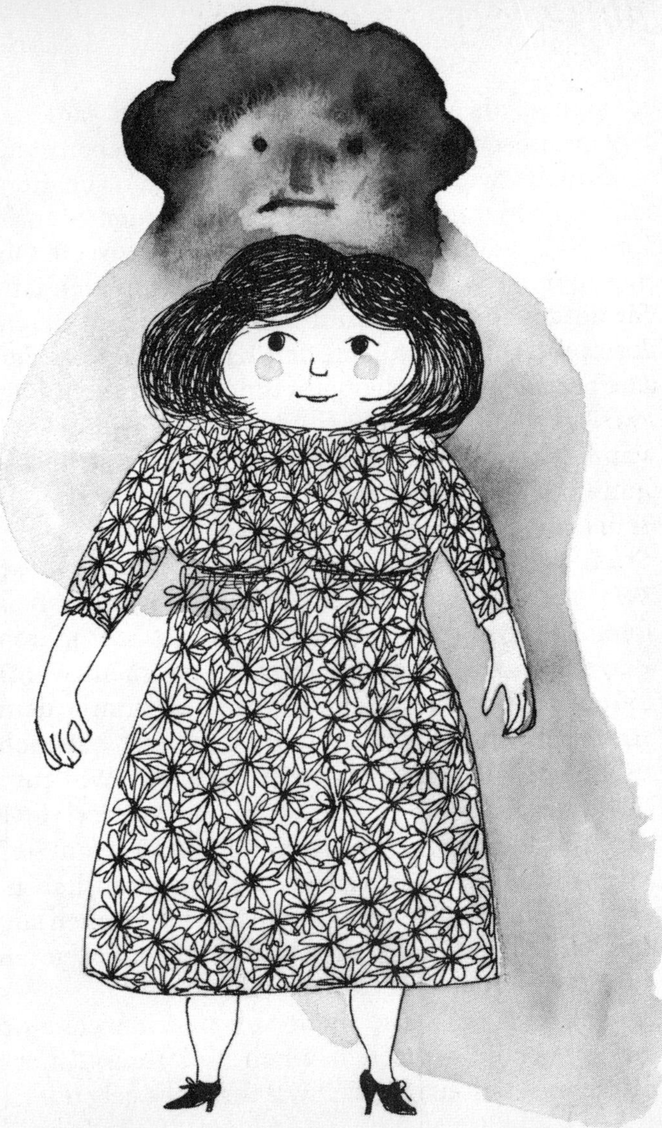

Mutter hätte das aber nicht getan« oder »Meine wirkliche Mutter hätte das nicht gesagt«. So ähnlich.
Ich glaube, als allererstes sollte ich Ihnen danken, daß Sie unser Kind zur Welt gebracht haben. Ich weiß nicht, wie wir es ohne Joanie hätten schaffen sollen. Kinder geben dem Leben erst einen Sinn.
Sicherlich wollen Sie vieles über Joanie wissen. Ob sie schön ist? Ob sie klug ist? Ob sie glücklich ist? Ob sie Klavier spielen kann? Ich glaube, das bin ich Ihnen schuldig. Komisch, ich habe immer wieder darüber nachgedacht, ob ich Ihnen nichts schuldig bin. Das heißt, wieviel ich Ihnen schuldig bin. Und wann ich diese Schuld abgezahlt habe. Und ab wann ich die »wirkliche« Mutter sein werde.
Es ist nur gerecht, daß Sie alles Schlechte ebenso hören wie alles Gute. Es hat nämlich auch böse Zeiten gegeben, wissen Sie. Wußten Sie zum Beispiel, daß unsere – Ihre – Tochter mit acht Jahren fast an einem Asthma-Anfall gestorben wäre? Damals, als wir beide die ganze Nacht unter dem Sauerstoffzelt um jeden Atemzug rangen, habe ich an Sie gedacht. Ich habe zu mir gesagt: »Wo, zum Kuckuck, bist du jetzt, du wirkliche Mutter?«
Warum sage ich das? Warum bin ich böse auf Sie? Ich wußte doch immer, daß Sie das getan haben, was Sie für das Beste hielten. Ich sehe Ihnen an, daß Sie ehrlich nicht wissen, daß Sie etwas getan haben, was ich schrecklich finde.
Ich bin meiner Sache nicht sicher. Ich weiß nur, daß Sie beim Weggehen einen Teil Ihres Kindes mitgenommen haben, den wir ihr nicht geben kön-

nen. Sie haben Ihrer Tochter ihre Vorgeschichte genommen.
So ohne Vergangenheit ist sie auf einem Meer von Frust dahingetrieben, manchmal obenauf, manchmal unter Wasser, und sie weiß nicht einmal, welcher Hafen ihr Zuhause ist. Ist sie allergisch gegen Penicillin? War ihr Großvater rothaarig? Hat sie einen irischen Einschlag? Ist sie aus einer Liebesbeziehung entstanden? War sie wirklich erwünscht? Gibt es jemanden draußen in der Welt, der ihr ähnlich sieht?
Es war für uns alle schwer. Wie kann man vorwärtsgehen, wenn man nicht weiß, was hinter einem liegt?
Liebe? Die Leute reden darüber, als sei sie eine Art Universalpflaster für alle körperlichen und seelischen Leiden. Nun denn, eines kann sie nicht heilen: die Ablehnung durch eine Frau, die einem das Leben gegeben hat.
Wir haben uns bemüht. Mit Fotoalben, mit Geburtstagspartys, mit dem Großelternpaar, das von Anfang an da war, aber im Innersten steht sie außerhalb der Familie, eine Obdachlose, die sich nie wirklich dazugehörig fühlt.
Ich sehe Sie an und weiß nicht, warum ich mich eigentlich all die Jahre vom Gespenst der »wirklichen Mutter« bedroht gefühlt habe. Denn was ist »wirklich«?
Wirklich ist die Mutter, die einen Job annimmt, um ein besonders teures Spielzeug kaufen zu können. Wirklich ist die, die hört »Ich hasse dich« und bei ihrem »Nein« bleibt.

Wirklich ist, wer bis früh um 3 Uhr wachliegt, weil die Tochter mit dem Wagen unterwegs ist und es regnet.

Wirklich ist, Schmerzen zu haben, weil dem Kind etwas weh tut, und mit ihm zu lachen, wenn es glücklich ist.

Wirklich, das ist Notaufnahme im Krankenhaus, Elternsprechtag, ohrenzerfetzende Musik, Lügen, Trotz und zuknallende Türen.

Wirklich ist Alltag, jeden Tag neu.

Nun bin ich laut geworden und weiß nicht, warum.

Doch, ich weiß, warum. All die Jahre waren Sie der Gegenstand meiner Liebe und Dankbarkeit, Frustation und Pein, meiner Vorwürfe und meines Mitgefühls. Am allermeisten aber der Gegenstand meines Neides. Sie haben etwas Wundervolles erlebt, das zu erleben ich wer weiß was gegeben hätte. Die ersten Bewegungen einer kleinen Tochter in meinem Körper, die mich eines Tages als »wirklich« anerkennen würde.

Niemand kann mir das geben. Niemand kann es Ihnen nehmen. Es ist da.

Fünf klassische Mütter-Ansprachen

Text, Choreographie und Bühneneinrichtung für Laientheater

1. *»Warum du keine Schlange als Haustier halten darfst.«*
2. *»Du willst dir also die Ohrläppchen durchstechen lassen?«*
3. *»Weißt du überhaupt, wie spät es ist?«*
4. *»Mein WAS willst du borgen?«*
5. *»Tu nicht so, als wüßtest du nicht, worum es geht. Du weißt es ganz genau.«*

1. *»Warum du keine Schlange als Haustier halten darfst.«*
Szene: Am Küchentisch, ein Berg Plätzchen auf einem Teller, daneben ein Krug kalte Milch. Mutter verströmt während des ganzen Monologs Liebe.
Mutter: Liebling, du weißt, Mami und Papi haben dich sehr lieb. Wir würden dir bestimmt nie verbieten, eine Schlange zu halten. Schließlich haben wir Tiere ebensogern wie du. Wir müssen aber erst einmal miteinander darüber reden. Magst du nicht ein Plätzchen?

Zuallererst müssen wir natürlich an die Schlange denken. Du weißt ja, daß man ihr überall mit Unwissenheit und Vorurteil begegnet. Möchtest du gern mit deinem kleinen Freund in ein überfülltes Zimmer kommen und sehen, wie es sich binnen drei Sekunden leert? Natürlich nicht, es bräche dir das Herz.
Und dann ist so eine Schlange so klein. Was wäre, wenn jemand ihr aus Versehen mit der Harke eins überzieht oder einen Stein auf sie fallen läßt? Das Tierchen hätte doch keine Chance, nicht wahr? Man hat auch schon erlebt, daß sich eine Mami vor so einer Schlange erschreckt. Weißt du noch, die im Garten voriges Jahr? Zehn Meter lang, Zähne, von denen Menschenblut troff, erwartete Junge und konnte mit einem Nachschlüssel Türen öffnen.
Du hast sie vielleicht kleiner in Erinnerung, aber Mami vergißt solche Sachen nicht. Nimm doch noch ein Plätzchen!
Es würde auch schwer sein, das Tierchen so weit zu kriegen, daß es sein Geschäft auf Zeitungspapier macht, es kann ja nicht bellen, wenn es hinauswill, und nicht im Supermarkt an der Leine gehen. Es könnte nicht einmal hinter einem Ball herlaufen und japsen.
Liebling, wir möchten eine Schlange ebensogern haben wie du, aber was wären wir für Menschen, wenn wir ihr ein normales Leben vorenthalten, wenn du verstehst, was ich meine. Was glaubst du, wie gern die Schlange Rendezvous hätte und eine Familie gründen würde und all das, was man in

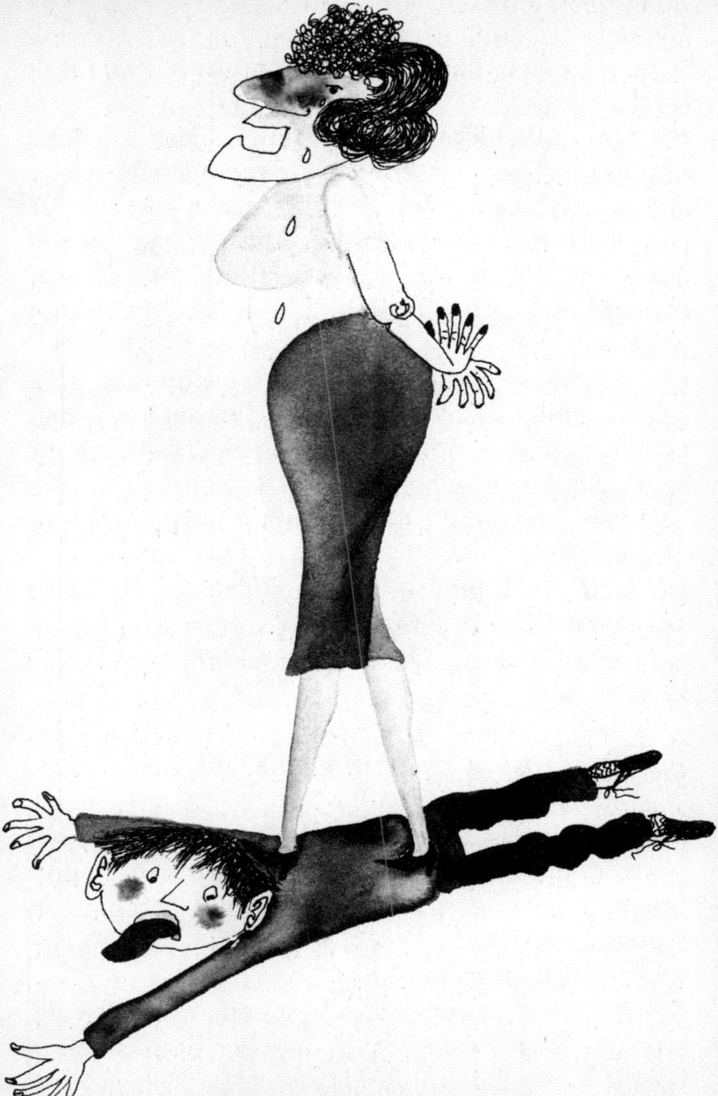

einem hermetisch verschlossenen Einmachglas eben nicht kann!

Nimm so viele Plätzchen, wie du nur willst, Liebling!

Ich wollte, Schlangen hätten einen besseren Ruf. Du und ich, wir wissen, daß sie genausoviel Angst vor uns haben wie wir vor ihnen. Ich meine, nur weil wir nie erlebt haben, daß eine Schlange wegen eines Menschen im Gras Angstzustände kriegt, bedeutet das ja noch nicht, daß sie keine Gefühle hat.

Gut, dann ist das also geklärt. Und du, sag dem (... hier folgt der Name des Spielkameraden), daß es sehr nett von ihm ist, an dich zu denken und dir seine Schlange schenken zu wollen, aber eine Schlange braucht die Geborgenheit einer Familiengemeinschaft.

Ich weiß, Liebling, für dich sieht es vielleicht so aus, als seien wir eine, aber du kannst ihm sagen, daß deine Mutter, wenn eine Schlange ins Haus kommt, wegläuft und nie wiederkommt.

2. »*Du willst dir also die Ohrläppchen durchstechen lassen?*«

Szene: Mutter sitzt in der Bühnenmitte, mit etwas Häuslichem beschäftigt, liest etwa im *Amerikanischen Journal des Zahnverfalls* und macht sich Notizen am Rand.

Auftritt: Tochter von links.

Tochter: Wir würdest du es finden, wenn ich dir erzähle, daß ich mir die Ohrläppchen durchstechen lasse?

Mutter (legt Buch beiseite und macht ein Bleistiftzeichen auf der Seite): Ich bin der Ansicht, dein Körper gehört dir, und wenn ein Mädchen sich mit dem Zahnstocher Löcher in die Ohren bohren will, ist das ausschließlich seine Sache. Schließlich und endlich, Liebling, wir leben nicht mehr im viktorianischen Zeitalter. Wir schreiben... (hier Jahr einsetzen!) Auch eine Frau hat Menschenrechte und kann eigene Entschlüsse fassen, aber wenn du daran denkst, dir die Ohrläppchen durchstechen zu lassen, dann nur über meine Leiche. Ich habe dich nicht voll Vitamine gepumpt und dir Schuheinlagen machen lassen, damit irgendein ungeschickter Metzger an meiner einzigen Tochter herumoperiert.
Ich nehme an, ... (hier Namen der besten Freundin der Tochter einsetzen) will es sich machen lassen. Ich weiß, sie ist deine beste Freundin, und du bist mir sicher furchtbar böse, wenn ich das sage, aber ... (Name der besten Freundin) scheint dich regelrecht behext zu haben. Versteh mich nicht falsch, sie ist ein nettes Mädchen, aber mir gefällt der Gedanke nicht, daß du mit einem Mädchen unters Messer gehst, das den Kaugummi wieder aus dem Mund nimmt und sich nicht die Hände wäscht, wenn sie mit dem Hund gespielt hat. Als nächstes wird sie dich dazu bringen, dir Schmetterlinge aufs Schulterblatt tätowieren zu lassen.
Ich wollte dir eigentlich nicht erzählen, wie es ... (folgt der Name einer Person, die sie nicht kennt) ergangen ist. Sie hat sich die Ohrläppchen durch-

stechen lassen und eine Gehirnerschütterung davongetragen! Sie wird nie wieder normal! Sie hat es in einer Abteilung von ... (hier Name eines großen Kaufhauses) machen lassen, wurde ohnmächtig und schlug mit dem Kopf auf einem Probierstuhl in der Abteilung ›Sportschuhe‹ auf.
Mach was du willst, meinen Segen hast du. Warum auch nicht? Ich bin ja sowieso bald tot!

3. »*Weißt du überhaupt, wie spät es ist?*«
Szene: Die Mutter allein auf der Bühne. Auf dem Fernsehschirm flimmert das Testbild. Eine Uhr mit großem Zifferblatt steht auf dem Tisch neben ihr. Sie blickt zur Tür, als Sohn (oder Tochter) eintritt.
Mutter: Ich will gar nicht wissen, wo du gewesen bist, was du getan hast oder mit wem. Es ist schon spät, und wir sprechen morgen früh darüber. (Schaltet erst das Fernsehgerät ab, dann alle Lampen bis auf eine.)
Glaubst du im Ernst, daß es aus der Welt ist, indem man nicht darüber spricht? (Sohn öffnet den Mund und will etwas sagen.)
Lüg mich nicht an. Mir wär's lieber, du gingst ins Bett und sagtest gar nichts, als dich hinzustellen und mir vorzuflunkern, dir sei das Benzin ausgegangen oder du hättest eine Panne gehabt. Ich will heute abend nicht darüber reden, sonst sage ich vielleicht etwas, was mir leid tut. Geh ins Bett. (Zerrt den Sohn zum Treppenabsatz oder Korridor und verstellt ihm dabei den Weg.)
Hast du überhaupt eine Ahnung, wie das ist, als

Mutter halb verrückt vor Angst sieben Stunden dazusitzen und sich vorzustellen, daß du bei einem Unfall das Gedächtnis verloren hattest, und dann, als der Krankenwagen mit dir an unserem Haus vorbeikam, deinen Hund bellen hörtest und dadurch dein Erinnerungsvermögen wiederkam? Ich kann nicht glauben, daß du es wagst, ohne einen Kratzer hier hereinzukommen, und ich soll das dann verstehen!
Bitte kein weiteres Wort. Ich bin völlig fertig.
(Knipst auch das letzte Licht noch aus und folgt ihm.)
Weißt du, was am wehsten tut? Sieben Stunden lang sitze ich da und sorge mich krank, und du hast nicht einmal so viel Anstand, anzurufen und zu sagen: »Bei mir ist alles in Ordnung. Geh ins Bett.« Wenn du keine Lust hattest, mich zu sprechen, hättest du jemand anders beauftragen können. Nur zu, sprich es aus: Du hast nicht verlangt, daß ich aufbleibe. Ich habe darauf gewartet, daß du damit anfängst. Ich soll wohl einen kleinen Schalter haben, den man an- und ausknipst. An, wenn es Freude macht, Mutter zu sein, aus, wenn es fünf Uhr morgens ist?
(Tür zum Badezimmer knallt zu, sie bleibt davor stehen.)
Also ich weiß nicht, wie es bei dir ist, aber ich gehe jetzt ins Bett. Der Arzt hat gesagt, ich brauche mindestens acht Stunden Schlaf. Der hat leicht reden. Der hat keinen undankbaren Sohn. Hat nie sieben Stunden lang dagesessen und sich versucht auszumalen, was zwei Leute früh um fünf tun

können! (Badezimmertür öffnet sich, Sohn geht ins Schlafzimmer und macht die Tür hinter sich zu.) Ich weiß, du möchtest, daß ich deine Geschichte anhöre, falls du eine parat hast. Ich könnte mir vorstellen, daß wir morgen früh ein bißchen vernünftiger sind. Wenn du dich entschuldigen willst – ich könnte die Chili aufwärmen . . .

4. »*Mein WAS willst du borgen?*«
Szene: Mutter hat zu tun, Kind lungert in der Nähe herum, sichtlich unentschlossen. Mutter ist entschieden im Vorteil und beherrscht die Lage.
Mutter: Den Blick kenne ich. Du stehst da herum, weil du etwas borgen willst. Wenn es mein Fön ist, hast du ihn bereits, außer es sind ihm Beine gewachsen und er ist zu Fuß ins Badezimmer zurückgewandert. Ich bin wirklich kein Egoist, das weißt du. Es macht mir nichts aus, wenn du dir etwas ausleihst, solange du es im gleichen Zustand wieder zurückgibst.
Nimm zum Beispiel meinen Koffer. Was du ja schon getan hast! Was hast du darin transportiert? Eisenteile? Der ganze Rahmen ist verbogen. Und meinen Fotoapparat kriegt man auch nie mehr hin, seit du ihn hast in den Sand fallen lassen. Alle Bilder, die wir entwickeln lassen, sehen aus wie ein Puzzlespiel.
Erinnerst du dich an den Tennisschläger, den du vor drei Jahren geborgt hattest? Du hast die eine Saite nie ersetzt, die du kaputtgemacht hast. Zum Glück ist es die in der Mitte, und dort treffe ich den Ball nie.

(Refrain: Ich bin wirklich kein Egoist . . .*)*
Ich würde dir gern meine Sachen leihen, wenn du sie ein bißchen in acht nehmen würdest. Ich brauche dich wohl nicht an meine beste weiße Bluse zu erinnern? Du hattest versprochen, sie nicht zu verschwitzen und hast es doch getan. Jetzt kann ich sie nur noch auf Beerdigungen anziehen, weil ich dabei nicht den Arm zu heben brauche.
Das Schlimme bei euch Kindern ist, daß ihr den Wert des Geborgten nicht kennt und es daher nicht achtet.
Weißt du noch, wie du mir das letzte Mal den Wagen zurückgebracht hast? Die Rücksitze waren voller Abfälle, die Reifen verdreckt, auf dem Lenkrad war Tomatenketchup, und — obwohl ich es nicht beweisen kann — jemand hatte die Kupplung geschunden.
Mein WAS willst du diesmal borgen? Setz dich! Ich will dir erklären, warum ich nein sage.

5. »*Tu nicht so, als wüßtest du nicht, worum es geht. Du weißt es ganz genau!*«
(Rede für fortgeschrittene Mütter nach jahrelangen Erfahrungen)
Szene: (Irgendwo. Mutters Gesicht ist eine Maske, die nichts verrät und auf nichts reagiert. Dies ist unerläßlich, damit das Kind nicht weiß, worüber sie redet. Hinweise recht breit bringen. Das Interesse wird wachgehalten durch Türenknallen, Teller-auf-den-Tisch-fallen-Lassen, einen Tritt nach dem Hund.)
Mutter: Na, nun wirst du ja hoffentlich zufrieden

sein. Du hast es wieder mal geschafft. Tu nur nicht, als ob du nicht wüßtest, worum es geht. Du weißt es ganz genau. Wie lange soll ich noch warten, bis du mir alles sagst?

Tu nur nicht so unschuldig. Du weißt genau, was ich meine. Es ist ja nicht das erste Mal, daß du mich so enttäuschst, und ich bin überzeugt, auch nicht das letzte Mal. Wenn du darüber reden möchtest, bitte sehr, ich höre dir zu. Wenn nicht – Pech gehabt! Man sollte meinen, du würdest jetzt versprechen, daß es nicht wieder vorkommt, aber das tust du ja doch nicht, also vergiß es. Was, ich soll deutlicher werden? Ein Witz! Willst du damit sagen, daß du dastehst und nicht die entfernteste Ahnung hast, worüber ich so böse bin? Also, das ist doch die Höhe, also wirklich die Höhe!

Okay. Meinetwegen, ich spiele dein Spielchen mit. Dienstag! Genügt das als Hinweis? Du solltest Schauspieler(in) werden, im Ernst! Was du hier zeigst, ist eine preiswürdige Aufführung. Du kannst die Augen so weit aufreißen, wie du willst, du wirst mich nicht davon überzeugen, daß du nicht weißt, was ich meine.

Ich sag das einmal und nie wieder. Wenn du das noch mal machst, wirst du dich vor sehr viel mehr Leuten verantworten müssen als nur vor mir.

Willst du etwas dazu sagen? Hast du eine Entschuldigung parat? Oder ein Versprechen?

Weißt du was? Ich werde dich nie verstehen!

Sarah, die Kinderlose

Drei Dinge gibt es auf der Welt, die kein Mensch akzeptieren will: unheilbare Rückenschmerzen, Orientierung ohne Land- oder Autokarte und eine Frau, die keine Kinder will.
Sarah wollte keine. Sie war 32, glücklich verheiratet, sehr zufrieden mit ihrer Stellung und sehr zufrieden mit ihrem Leben. Unglücklich war sie nur über ihre lieben Nächsten, die der Ansicht zu sein schienen, es ginge sie etwas an, daß Sarah keine Kinder wollte.
Zum Beispiel ihre Muter, ihre Schwester Gracie (sie hatte fünf Kinder), ihre beste Freundin Dodie und ihr Frauenarzt, der sie ermahnte: »Hören Sie mal, Sie werden auch nicht jünger!« (Wer wird schon jünger?)
Eines Tages machte Sarah in einem vertraulichen Gespräch ein letztes Mal den Versuch, ihrer Mutter zu erklären, warum sie lieber kinderlos bleiben wollte.
»Versteh mich doch, Mom«, sagte sie. »Ich habe nichts gegen Kinder. Nur gegen welche bei mir. Für Gracie sind sie prima. Sie ist die geborene Mutter. Ich möchte nicht mein Leben lang überall im Haus

Gittertürchen haben und die Badewanne voller Plastikenten und Boote. Leute mit Kindern ändern sich – es ist erschreckend mit anzusehen. Sie verlieren einen Teil ihres Selbst, den ich nicht gern verlieren möchte. Es ist, als würde ein Schalter ausgeknipst. Sie sind keine Eigenpersönlichkeiten mehr, sie hängen an einem anderen menschlichen Wesen, und wenn man sie trennt, sterben alle beide. Ich will nicht die Verlängerung von Fieber, Hunger, Schmerz und Frust eines anderen Wesens sein. Ich hatte eine herrliche Kinderzeit, aber ich habe damals das Ausmaß deiner Arbeit, deiner Opfer nicht im entferntesten begriffen. Was hast eigentlich *du* davon gehabt? Zugeknallte Türen und zum Geburtstag ein hölzernes Schweinchen, in das man Kochrezepte stecken konnte.

Wenn ich Kinder bekäme, Mom, dann aus den falschen Gründen, etwa weil du Großmutter werden möchtest oder Steve sich einen Stammhalter wünscht oder weil ich den Druck der anderen nicht mehr aushalte, die dauernd wissen wollen, warum ich keine habe.

Ich glaube nicht, daß ich egoistisch bin. Und ganz bestimmt weder erbittert noch wütend. Ich finde nur, daß ich es selber zu bestimmen habe und das Recht, mich so oder so zu entscheiden. Verstehst du?«

Die Mutter nickte.

Am nächsten Morgen raffte sich Sarahs Mutter zu einem vertraulichen Gespräch mit ihrer Tochter Gracie auf, rief bei ihr an und sagte: »Du, ich

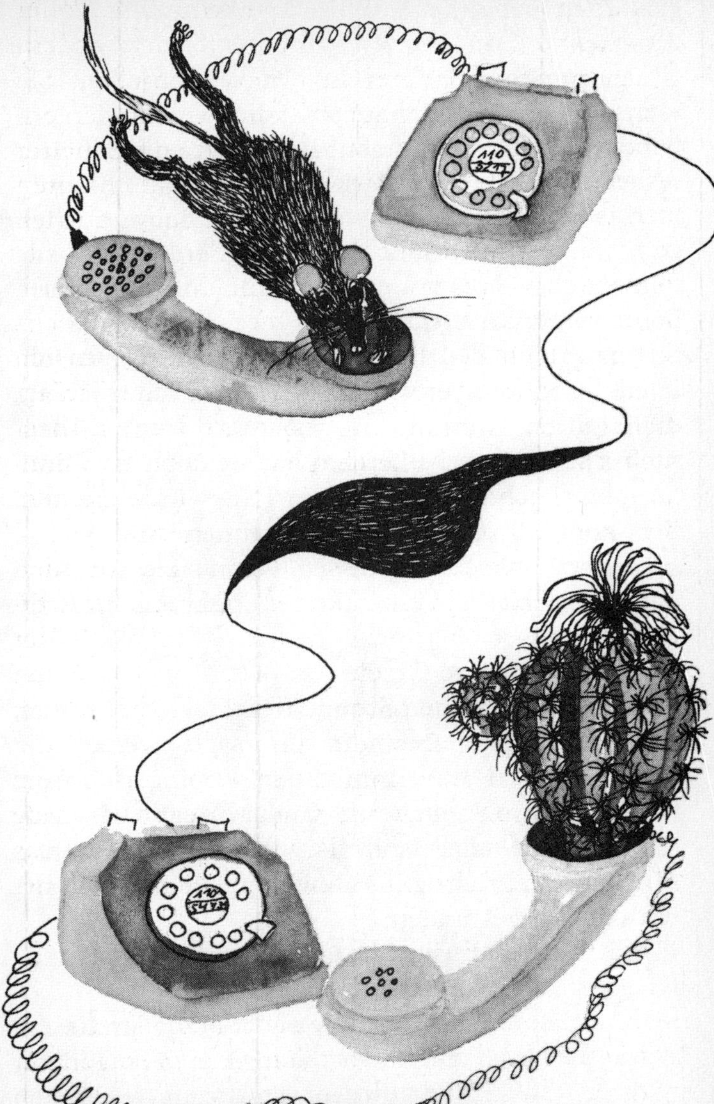
110
110

glaube, ich weiß, warum deine Schwester kein Kind will.«

Gracie preßte den Hörer ans Ohr. »Nämlich?«

»Ich will ja nicht behaupten, alles verstanden zu haben, was sie vorgebracht hat«, sagte die Mutter. »Aber ich zitiere wörtlich. Angst hat sie. So einfach ist das. Bei der Vorstellung, ein Baby zu kriegen, bleibt ihr die Spucke weg. Außerdem will sie kein ganzes Haus voller Unordnung, mit Gummibooten und Gittertüren.

Sie hat mich deutlich wissen lassen: Wenn ich wieder Großmutter werden will, solle ich mich an dich halten, weil dir ja gespuckte saure Milch nichts ausmacht. Außerdem hat sie noch erwähnt, bei dem Pech, das sie immer hat, würde sie alle Krankheiten der Kinder bekommen und wahrscheinlich jedesmal mitessen, wenn sie essen, und dann wöge sie bald eine Tonne. Ergibt das für dich einen Sinn?«

»Durchaus«, sagte Gracie.

Noch in der gleichen Stunde rief Gracie bei Dodie an, Sarahs bester Freundin, und sagte: »Weißt du noch, wie wir uns immer den Kopf zerbrochen haben, warum Sarah keine Kinder kriegt und wieso sie es besser haben soll als wir alle? Gestern hat Mom ihr mal richtig ins Gewissen geredet, und sie hat endlich gestanden.«

»Und was hat sie gestanden?« wollte Dodie wissen.

»Ich konnt's erst gar nicht glauben. Sarah hat Angst um ihre Figur. Sie hat ja ihr Leben lang nicht mehr als 100 Pfund gewogen.«

»Von so was hab ich schon mal gehört«, sagte Dodie. »Man nennt es Rutschophobie. Es ist die Angst, daß das ganze Fleisch absackt und einem um die Knie schlabbert.«
»Hör zu, es geht noch weiter«, unterbrach Gracie, »sie hat gesagt, wenn jemand in der Familie eine Horde Kinder haben sollte, bin ich es. Wie findest du das? Sie hat gesagt, mein Haus ist immer voll von ollen Gittertüren und Soldaten und Schiffchen, aber ich sei das ja gewöhnt.
Sie hat es zwar nicht direkt ausgesprochen, aber Mom hat erraten, daß der wirkliche Grund was ganz anderes ist: Sarah steht kurz vor der Beförderung und kann sich nicht leisten, darauf zu verzichten. So schlimm finde ich das nicht – du etwa?«
»Eigentlich nicht«, sagte Dodie.

Als ihr Mann heimkam, reichte ihm Dodie einen Drink und sagte: »Das errätst du nie, was mir Sarahs Schwester heute erzählt hat.«
»Na, dann schieß mal los«, sagte Bob, entfaltete die Zeitung und verschanzte sich dahinter.
»Sie hat gesagt, Sarah möchte schon ein Baby, kann sich aber keines leisten. Und dabei hat sie die ganze Zeit die Tapfere gespielt und so, und hat getan, als wollte sie keines. Gracie sagt, sie wird befördert, wenn sie ihr Gewicht von 100 Pfund hält. Ich weiß nicht, wie sie durchkommen sollen, wenn sie es nicht schafft. Sicherlich wackelt Steves Job. Sie können nicht mal eins adoptieren. Warum die sich nur das Boot gekauft haben? Hörst du mir überhaupt zu?«

»Ich habe jedes Wort gehört«, sagte Bob.

Einige Tage später sagte Bob, während er mit Sarahs Vater Handball spielte: »Gratuliere. Wie ich höre, wollen Steve und Sarah ein koreanisches Kind adoptieren und im Sommer aufs Boot gehen, wenn er es geschäftlich verantworten kann.«

An diesem Abend sagte Sarahs Vater zu ihrer Mutter: »Hast du in letzter Zeit mal mit Sarah gesprochen?«
»Seit ein, zwei Tagen nicht.«
»Ich habe heute im Turnverein sonderbare Gerüchte gehört. Daß Sarah plant, ein Kind zu adoptieren, aber Steve das nicht will. Ergibt das für dich irgendeinen Sinn?«
»Durchaus«, sagte seine Frau.

Genau eine Woche nach dem Tag, an dem sie ihr vertrauliches Gespräch hatten, kam Sarahs Mutter zu ihrer Tochter zu Besuch, sah ihr in die Augen, küßte sie auf die Wange und sagte: »Du sollst wissen, was immer du für die Zukunft beschließt, dein Vater und ich werden hundertprozentig hinter dir stehen. Ich verstehe jetzt, warum du all das gesagt hast, und wir haben dich dafür doppelt lieb.«

Sarah abends zu Steve: »Da hab ich doch glatt gedacht, meine Mutter hätte kein Wort von dem verstanden, was ich ihr auseinandergesetzt habe. Weißt du, manchmal glaube ich, wir unterschätzen die Mütter.«

Das Vorbild

Es war ein männliches Haus. Man sah schon von außen, daß drinnen alle Toilettensitze hochgeklappt waren.
Der Hof glich einer Raketenabschußrampe. Die Gartentür ging vor Flugblättern und Postwurfsendungen nicht mehr zu. Die Auffahrt erinnerte an eine Gebrauchtwagenhalde. Mit Janets Kompaktwagen waren es sage und schreibe sechs. Sie jonglierte mit vier großen Einkaufstüten und stieß die Haustür mit dem Fuß auf. Bei seinem Versuch, ins Freie zu gelangen, hätte der Hund sie beinahe umgerissen.
Großer Gott, man sollte meinen, daß die Familie mitbekam, daß der Hund nötig hinausmußte, wenn er sich schon fast unter der Tür durchgrub.
Janets Blick wanderte durch die Küche.
Die Cornflakes vom Frühstück waren in der Schüssel angetrocknet. Die Butter war zu Flüssigkeit geworden. Der Telefonhörer des Küchenanschlusses war nicht eingehängt. Der Fernseher brüllte.
Mechanisch stellte sie die Milchpackungen in den Kühlschrank, ehe sie den Korridor entlangging. Vor der Schlafzimmertür schrie sie: »Mark, stell die

Stereoanlage leiser oder setzt die Kopfhörer auf!«
Als keine Antwort kam, sah sie ihren Verdacht bestätigt. Die Musik verstopfte ihm die Ohren und plärrte ihm aus der Nase wieder heraus. Die nächste Station war ihr Badezimmer, wo sie den Riegel zustieß und einen Blick auf ihr Spiegelbild warf. Sie war nicht unbedingt eine Reklame für Oil of Olaz. Mit 46 hatte sie graues Haar wie ein Drahttopfkratzer, das nach allen Seiten abstand. Sämtliche Muskeln ihres Körpers waren dem Zug nach unten gefolgt. (Aus dem Aerobic-Kurs war sie weggeblieben, als sie nur deshalb noch mit den Knien den Oberkörper berühren konnte, weil dieser den Knien auf halbem Wege entgegenkam.)
Heute war einer der schlimmsten Tage ihres Lebens gewesen! Ihre beste Freundin war selig auf eine Kreuzfahrt gegangen. Das Gummiband an ihrem Umstandsmieder (sie war nicht in Umständen) war gerissen, ihr Zahnarzt hatte ihr soeben mitgeteilt, ihr Zahnfleisch schwinde.
Eines Tages würde sie ihren Körper wieder hintrimmen!
Ihre Freundinnen hatten es alle geschafft, aber keine von ihnen hatte drei ausgewachsene Söhne daheim, die noch immer im Nest hockten, Messer und Gabel erhoben und darauf warteten, daß sie abends von der Arbeit heimkam und ihnen etwas aus dem Mikrowellenherd in die Schnäbel stopfte. Die Kinder ihrer Altersgenossinnen waren schon lange auf und davon. Sie lebten mit jemand, führten ein Gammlerdasein, kriegten Kinder oder rangen mit hohen Zinsen.

Anfangs war sie geschmeichelt gewesen, daß für ihre Kinder der Muttertag ewig weiterging. Das war, ehe Joan Crawford ihr Vorbild wurde. Jetzt fühlte sie sich nur noch ausgenutzt.
Seit drei Jahren brannte das Verandalicht Tag und Nacht.
Im Kühlschrank standen leere Milchpackungen, vertrockneter Aufschnitt und leere Eiswürfeltabletts.
Jeder lieh sich ihren Fön, ihre Kamera, ihre Koffer, ihren Wagen und ihr Geld, ohne zu fragen.
Der Tagesablauf ihrer Familie glich dem von Hamstern.
Sie waren noch immer kleine, hilflose Kinder in riesigen, haarigen Körpern mit tiefen Stimmen.
Was sollte sie tun? Konnte denn John etwas dafür, daß seine Ehe schiefgegangen war? Dabei hatte Cindy so wunderbar zu ihm gepaßt. Alles und jedes hatten sie gemeinsam gehabt: Beide liebten rohen Pizza-Teig, beide waren Linkshänder, beide fanden Liza Minellis Art, »New York, New York« zu singen, besser als die von Frank Sinatra.
Es hätte doch funktionieren müssen.
Und da war Peter. Mit 24 (er war zwei Jahre jünger als John) war er drauf und dran, der älteste Schüler Nordamerikas zu werden. Er hatte zwölfmal das Hauptfach gewechselt und während des letzten Semesters nur in zwei Dingen bestanden: im Fach »Menschliche Sexualität« und beim Augen-Test.
Was Mark anging, so war Janet überzeugt gewesen, seine Zukunft sei klar vorgezeichnet. Als sie jedoch im achten Monat mit ihm war, geriet sie in

eine Drehtür und blieb stecken. Das hatte eine nachhaltige Wirkung auf ihren Jüngsten. Seine ersten Worte waren: »Hallo-Adieu!«

Ihre Beziehung war nie besonders eng gewesen. Sie wußte ehrlich nicht, warum. Wenn jemand sie fragte, wie viele Kinder sie hätte, antwortete sie meistens: »Vier. John, Peter, Mark zu Hause und Mark, wenn er weg ist.«

Mark zu Hause war ein rechtes Elend. Er war das negativste Kind, das Janet je zu Gesicht bekommen hatte. Nichts konnte man ihm recht machen. Niemand kochte ihm je seine Lieblingsspeisen. Alle hatten dauernd etwas an ihm auszusetzen. Sein Zimmer fand er gräßlich. Seine Anziehsachen fand er gräßlich. Sein ganzes Leben fand er gräßlich.

In den letzten drei Jahren hatte er hin und wieder gearbeitet, aber meistens saß er in seinem Zimmer, klimperte auf einer Gitarre und wartete, daß irgendwo Teller klapperten.

Janet schlüpfte in einen Schlafrock und warf einen letzten Blick in den Spiegel. Würde je der Tag kommen, an dem George und sie bei Kerzenlicht in einem Salat stochern und ein Glas Weißwein erheben würden, ohne daß er sagte: »Mein Gott, riech bloß mal! In dem Glas war Weichspüler!«

Als sie den Hahn aufdrehte, um schnell mal zu duschen, sah sie es. Ihre Flasche Zottel extra-zart, das Shampoo, das biologischen Honig, Kräuter und He-D Phylferron enthielt, wovon man märchenhaftes Haar bekam, war umgefallen, mit offener Verschlußkappe. Alle 4 Dollar 69 waren in den Ausguß geflossen. Dabei hatte sie es sorgsam hin-

ter dem Leukoplast und einer Pillenschachtel versteckt, aber »die« hatten es gefunden.
Dieses Shampoo war mehr als nur der Weg zu dichtem Haar voller Sex. Es war die letzte Bastion ihres Privatlebens, die einzige Verwöhnung, die sie sich geleistet hatte und die sie von der Barbarei der anderen trennte.
Jetzt hatte sie genug von ihrer Verständnislosigkeit, ihren lauten Mäulern, die jeden Abend am Eßtisch wie mit Scheren über das Essen herfielen, von ihren muffelnden Handtüchern, ihren Tennisbällen unter dem Bremspedal.
Jetzt langte es ihr, mitten in der Nacht einen Unfallwagen zu hören und nicht wieder einschlafen zu können, bis alle Wagen in der Garage standen. Sie war erschöpft, war es müde, ihre Leben und ihre Probleme zu teilen. Als Mutter war sie zu lange am Ball geblieben.
Wütend stapfte sie aus dem Bad und drosch mit beiden Fäusten an Marks Tür. Als niemand antwortete, platzte sie zu ihm hinein. Er saß auf Kissen hochgestützt im Bett, mit nacktem Oberkörper, den Kopfhörer auf und zupfte auf seiner Gitarre.
»Hast du dir heute die Haare gewaschen?« wollte sie wissen.
Er schüttelte den Kopf.
»Du lügst! Ich erkenne dichtes, seidiges Haar sofort!«
»Von mir aus, ich hab mir etwas Shampoo ausgeborgt. Ich zahl's dir zurück.«
»Die Martins gehen auf Kreuzfahrt. Mein Mieder

ist kaputt, mein Zahnfleisch schwindet, und du wirst mir das zurückzahlen!«
»Wohin verschwindet dein Zahnfleisch?«
»Jedenfalls weg von den Zähnen!«
»Jetzt wirst du wieder davon anfangen, wieviel meine Zähne gekostet haben und wie stocksauer du warst, als ich damals mit dem raffzähnigen Mädchen ging.«
»Ich war stocksauer, weil die Frau 33 Jahre alt war. Die Raffzähne hatte die elfjährige Tochter.«
Sie blickte sich im Zimmer um. Es war wie sein Bewohner: halb Kind, halb Mann. Der Siegespreis für Ringen aus der Oberschule stand neben einem verdächtigen Brief mit dem Absender ›Stadtverwaltung, Verkehrspolizei‹ auf dem Nachttisch. Der Boden war mit Kleidungsstücken gesprenkelt, von den Stühlen hingen Zeitungen, und unter dem Bett stand ein Sorbet-Glas mit einem bräunlichen Rest darin.
»Dieses Zimmer ist eine Müllhalde«, sagte sie. »Wie du nur hier atmen kannst! Es ist in Gottes Namen Juni, wieso liegt dein Skipullover herum?«
Mark sah sie durchdringend an. »Warum bringst du's nicht hinter dich? Schmeiß uns doch alle miteinander raus.«
»Wovon redest du eigentlich?«
»Gib uns einen Fußtritt. Mach reinen Tisch!«
»Glaub nur nicht, daß mir dieser Gedanke nicht schon mal gekommen wäre.« Sie suchte verzweifelt nach einer freien Stelle, um sich hinzusetzen. »Ich hab mich wirklich bemüht, eine gute Mutter zu sein, Mark. Und eine geduldige. Wirklich.«

»Du warst eine gute Mutter«, sagte er gelassen. »Aber nun bring es auch zu Ende.«
»Wie meinst du das: bring es zu Ende?«
»Du hast dich gedrückt. Unser Leben lang hast du uns vorgesagt, was wir tun sollen und wie und wann. Du hast es geschafft. Du brauchst nichts mehr zu beweisen. Examen bestanden. Sag uns Adieu und mach weiter mit deinem eigenen Leben.«
»Du hast kein Recht, mir so was zu sagen. Ich habe mit euch Gören alles durchgemacht, von der Erschöpfung über die Wut bis zum Schuldkomplex und wieder von vorn.«
»Eben! Du spielst die Märtyrerin, und das seit langem. Wie lange willst du das eigentlich aufrechterhalten, das Gestrampel, zur ›Mutter des Jahres‹ gewählt zu werden?«
»Und warum ziehst du nicht aus, wenn du so denkst?« Beide saßen lange Zeit schweigend. Schließlich sagte Janet: »Und was hast du dann vor? Eine Stellung suchen? Heiraten?«
»Du hast ja immer behauptet, es wäre keine gut genug für mich.«
»Das war, ehe ich wußte, daß du beim Duschen die Unterhose anbehältst.« Sie lächelte.
Sie sahen einander lange an.
»Mom«, sagte Mark. »Ich habe Angst.«
»Ich auch«, sagte Janet und schloß die Tür hinter sich. Ihre Hände zitterten, und sie glaubte, gleich weinen zu müssen. Vielleicht wurden dichtes, reizvolles Haar und Unabhängigkeit überschätzt? Sie gab sich einen Ruck. »Ach was, Joan Crawford in *Mildred Pierce* hat es ja auch geschafft.«

Wem es zu heiß wird, der schalte den Herd aus...

Eines Vormittags im Kindergottesdienst fragte die Lehrerin: »Was haben die Jünger gesagt, ehe sie die Fische aßen?«
Ein Fünfjähriger in der ersten Reihe meldete sich stürmisch und sagte: »Ich weiß, ich weiß. Sie haben gesagt: Haben die Gräten?«
Als Mutter, die ihre Lebenszeit der Zwangsernährung ihrer Kinder opferte, habe ich Grund zu der Annahme, daß diese Geschichte wahr ist.
Kinder sind mit Sicherheit die mißtrauischsten Esser der Welt. Sie essen Straßendreck (roh und gebacken), Steine, Büroleim, Bleistifte, Kugelschreiber, lebende Goldfische, Zigarettenkippen und Katzennahrung.
Aber versuchen Sie, ihnen ein bißchen Gulasch einzuschmeicheln, dann schauen sie wie junge Hunde, denen man mit der gerollten Sonntagszeitung droht.
Solange meine Kinder klein waren, bekam ich so viel Essen ins Gesicht gespuckt, daß ich mir Scheibenwischer an die Brille machen ließ.
In einer Studie las ich, 85 Prozent der befragten Kinder beklagten sich darüber, von ihren Eltern

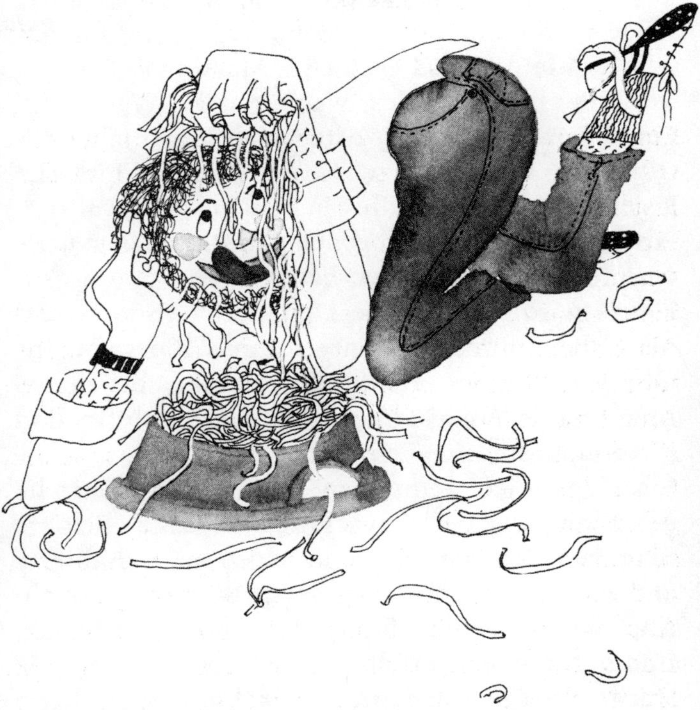

gezwungen zu werden, etwas zu essen, was sie nicht mögen.
Meine Kinder bekamen immer eine sehr ausgefallene Kost. Heiße Würstchen nahmen sie gnädigst an, aber nur am Baseballplatz, wo sie 1 Dollar 50 kosteten, aßen papierdünne Hamburger in einer höchst zweifelhaften Sauce und verkohlte, auf verbogene Kleiderbügel gespießte Marshmallows.
Verweigert wurde alles, was nicht im Werbefunk getanzt hatte. Um die Mitte der siebziger Jahre sah ich mich einer harten, unfreundlichen Tatsache gegenüber: Die gute alte Hausmannskost war *out*. Abgelöst von »ausgewogener, nahrhafter Kost«, die eine Mutter zu servieren hatte.
Heute wird die tägliche Diät durch »Show-Business« bestimmt. Hamburger mit Ulknamen, ins Ohr gehende Schlager und Getränke, bei denen man bei jedem Schluck einen Gratisluftballon bekommt, sind *in*.
Ich tat, was jede temperamentvolle amerikanische Mutter getan hätte: Ich schlug zurück. Ich brachte über meinem Herd goldene Bögen an, installierte ein elektrisches Anzeigenbrett, auf dem aufleuchtete, wie viele Big Macs gegessen worden waren, und richtete ein Rotlicht auf die Pastete, damit sie warm blieb. Ich gab eine beleuchtete Speisekarte heraus und erfand ein Drive-In-Fenster, servierte das Essen in einer Tragetüte, aus der Krautsalat rieselte und die eine zentimetergroße Plastikgabel enthielt.
Ich servierte Pizza mit einem Strohhut und einem Spazierstock. Und als das allgemeine Interesse

nachließ, spreizte ich mit der Gabel meinen Mund und ließ sie ihre Bestellungen dort hineinbrüllen, doch auch das klappte nicht.
Für ein Kind ist es eben reizvoll, in einem Auto zu essen, das jeden Tag nach Zwiebeln stinkt.
Die folgenden Jahre aßen wir alle unsere Mahlzeiten im Auto.
Doch eines Tages sagte unser Sohn etwas Sonderbares. Er sagte: »Habt ihr nicht gesagt, ich dürfte mir wünschen, wo wir an meinem Geburtstag essen?« Wir nickten beide. »Dann möchte ich zu Hause essen.«
»Na, ich weiß nicht recht«, sagte ich und sah meinen Mann an. »Können wir uns das leisten?«
»Aber ja, was soll's, schließlich hat er Geburtstag.«
Am Abend des großen Geburtstagsessens sahen alle anders aus als sonst. Größer.
»Ach, schau mal«, sagte einer der Jungen. »Wie nennt man denn so was?«
»Tafelsilber«, sagte ich. »Das spezielle Stück, das du da in der Hand hast, ist ein Messer.«
»Prima.«
»Und das hier sind Teller.«
»Ich habe noch nie wo gegessen, wohin man den Hund mitnehmen kann!« sagte die Tochter.
Als die Familie das »Happy Birthday« gesungen hatte, sagte unser Sohn: »Könnten wir das nächstes Jahr wieder so machen? Oder vielleicht auch schon eher?«
Ich warf das Porzellan in die Abfalltonne, daß es klirrte, und sagte: »Nur nichts überstürzen. Wir wollen mal sehen.«

Zum kleinen Hund gehört ein kleiner Herr - oder?

In der Anzeige hieß es, der Welpe sei »teilweise sauber«. Das ist soviel wie teilweise schwanger.
Sylvia hätte es besser wissen müssen, doch sie gehörte zu den Tausenden von Müttern, die jedes Jahr dem Druck ihrer Familie erliegen und einen Hund anschaffen.
Als erstes legte Sylvia gewisse Hausregeln fest. Wer Pfützchen und Hundeköttel zuerst sah, putzte sie auch weg. Ferner stieß man ihn mit der Nase hinein und sperrte ihn dann hinaus. Niemand durfte ihn bei Tisch füttern. Er sollte ausschließlich in seinem Korb in der Waschküche schlafen. Man würde sich beim Hinausbringen und Hereinholen abwechseln. Ihn loben, wenn er brav, ihn strafen, wenn er unartig war.
In der ersten Woche gelangten Bobs Pfoten nie auf den Fußboden. Er war Liebling der Familie Forbes. In der zweiten Woche waren sie schon weniger begeistert von seiner Anwesenheit. (Eins der Kinder sagte sogar: »Sei gefälligst still« zu ihm, als er mitten in der Nacht kläffte.)
In der dritten Woche war Bob Sylvias Hund. Sie fütterte ihn, badete ihn und ließ ihn fünfzigmal

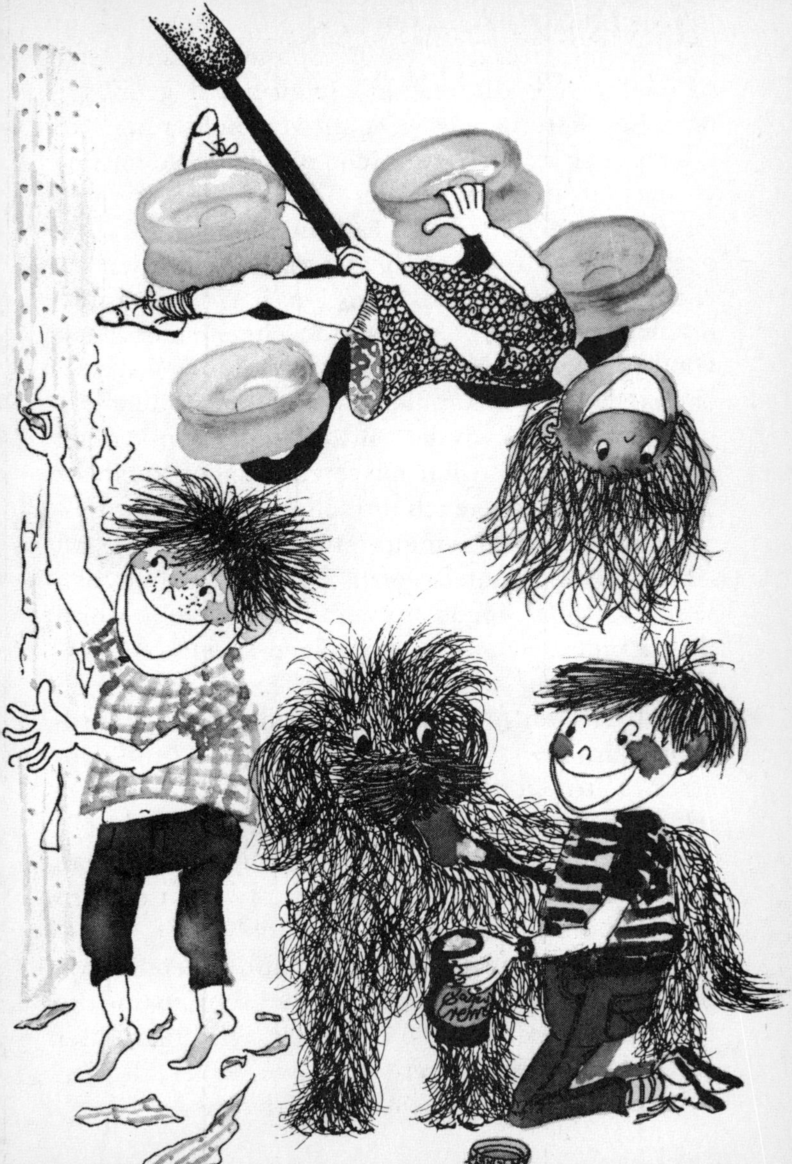

täglich hinaus und herein. Eines Nachts, vier Jahre später, hörte Sylvia ihre Söhne miteinander tuscheln. Der eine sagte: »Jetzt mach gefälligst Bobs Bescherung weg.« Da antwortete der andere: »Ich brauch' es dies Jahr nicht zu sehen. Du hast es voriges Jahr nicht gesehen.«

Da versammelte sie ihre Familie und sprach: »Ich dachte, ihr solltet es auch wissen: Wir kommen ins ›Guinness Buch der Rekorde‹. Unser Wohnzimmerteppich ist jetzt ein einziger durchgehender Fleck von Wand zu Wand. Der Kernsatz meiner Ansprache ist dieser: Ich kaufe jetzt einen neuen Teppich, und Bob verschwindet. Bitte, keiner soll mich unterbrechen, ehe ich ausgeredet habe. Versucht Bob so zu sehen, wie ich ihn sehe – einen Achtundzwanzigjährigen in einem räudigen Pelz, der jeden Abend sechs Stunden fernsieht und nie zu den Werbeeinschaltungen aus dem Zimmer geht, wenn ihr meinem Gedankengang folgen könnt . . .

Von der Natur weiß er nichts. Er hat nie einen Baum gesehen, nie einen Grashalm, einen Bordstein, ein Bein von einem niedrigen Stuhl oder einen Autoreifen.

Ich habe bei ihm alles versucht, alles einschließlich einem in eine 300-Dollar-Tür gesägten Loch, durch das im Winter die Wärme entweicht und im Sommer die Kühle. Schluß mit Bob!«

Obwohl Sylvia später in den Senat der Vereinigten Staaten gewählt wurde, drei Bücher schrieb und die Einführungsrede für Harvard hielt, wird man ihrer stets als der egoistischen Mutter gedenken, die den Teppich höher schätzte als das Erbarmen.

Treva und die andere Großmutter

Nach dem Fest für die werdende Mutter hatte Treva noch kein Wort gesprochen. Während sich ihre Tochter Gloria abmühte, ihren Bauch irgendwie hinter dem Lenkrad unterzubringen, knüllte Treva ihr Zellstofftaschentuch zu einem Ball zusammen und war tief in Gedanken versunken.
Sie kreisten alle um Glorias Schwiegermutter Gayle. Diese Frau war ihr seit der Hochzeit ihrer Gloria mit Gayles Sohn vor zwei Jahren ein Alpdruck gewesen und geblieben. Schon auf der Hochzeit selbst hatte sie ihr Kopfschmerzen verursacht. Man erwartet schließlich von einer Bräutigamsmutter, daß sie Beige trägt und den Mund hält. Das weiß doch jeder. Jeder außer Gayle. Die war auf dem Empfang herumgetrabt wie Mrs. Astors Lieblingspferd und hatte es Treva überlassen, in der Küche Schinken zu schneiden.
Und dann ihr Geschenk: eine Hochzeitsreise nach Acapulco. Daneben nahm sich der Heizlüfter fürs Badezimmer natürlich kläglich aus.
Nicht genug damit. Gloria hatte anscheinend den Eindruck, die Sonne ginge im Garten ihrer Schwiegermutter auf und wieder unter. Jetzt versuchte sie

auch noch, das Baby an sich zu reißen, das Gloria erwartete – Trevas erstes Enkelkind.

»Du bist ja so still, Mom«, sagte Gloria. »Hast du dich gut amüsiert?«

Und nach kurzer Pause: »Hast du gehört, daß Gayle die Geburt unseres Babys auf Videoband aufnehmen will?«

»Bitte fahr rechts heran, mir wird schlecht«, sagte Treva.

»Mom«, sagte Gloria leise, »du brauchst auf Gayle nicht eifersüchtig zu sein. Es ist genauso dein Enkelchen, und ihr werdet beide genau gleich viel Zeit mit ihm verbringen.«

»Eifersüchtig! Glaubst du im Ernst, daß ich eifersüchtig bin?« Treva lachte hoch und schrill. »Sei nicht albern. Das Baby wird uns nicht einmal unterscheiden können, außer vielleicht daran, daß ich die Oma bin, die ihm den Teddybär schenkte, und Gayle die Oma, die ihm den Zoo von San Diego gekauft hat. Jetzt mal was anderes: Wie denkst du über Schinken?«

»Im Vergleich wozu?« fragte Gloria.

»Ich versuche zu planen, was wir am ersten Weihnachtsfeiertag essen.«

»Mom, bis dahin sind noch fünf Monate. Wir haben ja noch nicht einmal Thanksgiving gefeiert.«

»Thanksgiving ist bereits unter Dach und Fach, da gibt es dein Lieblingsessen: Puter.«

Gloria nahm Gas weg und senkte die Stimme. »Mom, das haben wir doch alles schon besprochen. Chuck und ich können einfach nicht jeden Feiertag

damit verbringen, von einem Haus zum anderen zu sausen und für vier zu essen – heuer für fünf. Ich werde bald vier Zentner wiegen, wenn ich weiterhin versuche, sämtliche Eltern glücklich zu machen.«
»Hör zu, wenn du lieber zu Gayle gehst, brauchst du es nur zu sagen. Ich überwinde Enttäuschungen leicht, ich habe es mein Leben lang üben müssen.«
Gloria bremste und wandte sich ihrer Mutter zu.
»Mom, erinnerst du dich an die alte Geschichte von dem weisen König und den beiden Frauen, die sich um ein Kind streiten?«
Treva schüttelte eigensinnig den Kopf.
»Beide Frauen behaupten, das Kind sei ihres. Schließlich läßt der weise alte König das Baby auf einen Tisch legen, hebt das Schwert und sagt: ›Nun, wenn sich keine von euch entscheiden kann, werde ich das Kind in zwei Hälften teilen.‹ In diesem Augenblick stürzt die leibliche Mutter vor, will nicht, daß ihrem Kind etwas geschieht und ruft: ›Halt, gebt ihr das Kind!‹ Da weiß der König, wer die wirkliche Mutter ist. Begreifst du, was diese Geschichte besagt, Mom?«
Treva sah ihre Tochter durch Tränen hindurch an.
»Sie besagt, daß Gayle geschwiegen hat und das Sorgerecht für das neue Enkelchen bekommt, und ich steh da mit einem zwanzigpfündigen Puter und einem zehnpfündigen Schinken!«
Nachts im Bett konnte Treva nicht einschlafen. Immer wieder sah sie vor ihrem inneren Auge Gayle – sie sah allmählich aus wie Rosalind Russell als Auntie Mame –, wie sie an Bord eines

Luxusdampfers stand und winkte, ihr Enkelchen neben sich, Luftschlangen warf und versprach, bald zu schreiben.
Sie fand sich gräßlich wegen dieser Sucht, mit der Gegen-Oma zu wetteifern, aber sie hatte eine solche Sehnsucht, noch einmal ein Baby auf dem Arm zu halten, daß es fast schmerzte. Sie hatte sich nie mit dem leeren Nest abgefunden. Vielleicht würde Gloria ihr das Baby an den Wochenenden überlassen, wenn sie das Gästezimmer zum Kinderzimmer umgestaltete. Schließlich brauchten junge Eltern auch einmal Zeit für sich. Vielleicht konnten Mel und sie das Enkelchen mit nach Florida nehmen und am Strand mit ihm Sandburgen bauen?
Beim Einschlafen sah sie in einer Art Wachtraum den großen, dunkelhaarigen Unbekannten, der sagte: »Für eine Mutter wirken Sie aber noch reichlich jung.« Und sie errötete und sagte: »Bin auch keine. Es ist mein Enkelkind.«

Treva . . . zehn Jahre später
Kaum hatten sie Glorias Wagen in der Einfahrt gehört, wurden Treva und ihr Mann ruckartig aktiv — und das mit einer Präzision, als säßen sie auf Lipizzanern und ritten Hohe Schule.
Treva riß die Zimmerpalme vom Teewagen und schloß sie in den Dielenschrank, versperrte die Badezimmertür, schob eine Schale Bonbons unter den Clubsessel, sperrte den Hund in die Waschküche, drehte die Knöpfe vom Fernseher und ließ sie in ihre Kleidertasche fallen.

Mel, ihr Mann, bedeckte das Sofa mit Plastik, stellte seinen Kegel-Pokal oben auf den Küchenschrank, deckte die Teemütze über den Telefonapparat und schloß den Klavierdeckel.
Dann steckten beide Zahnstocher in den Mund, um anzudeuten, daß sie eben gegessen hätten.
Sie brachen den eigenen Rekord: eine Minute, 36 Sekunden.
Gloria kam hereingewankt und sank in einen Sessel. Ihre vier Kinder unter acht Jahren zerstreuten sich wie von Batterien angetrieben, bis auf Jeffrey, der sich auf den Fußboden setzte und brüllte.
»Was hat er denn?« fragte Treva.
»Er zahnt«, sagte Gloria müde.
»Hast du es schon mit ein bißchen Whisky aufs Zahnfleisch versucht?« fragte Treva.
»Ich hab einen großen Schluck genommen, ehe ich losfuhr, und mir ist schon besser«, sagte Gloria.
»Und was führt dich in diese Gegend?«
»Nichts Besonderes. Hast du Keks im Haus?« fragte sie, ging in die Küche und öffnete Türen. »Na, sieh mal einer an. Wilder Reis? Als ich noch daheim lebte, gab es nie wilden Reis.«
»Du kannst doch Reis nicht ausstehen.«
»Vielleicht hätte ich ihn gemacht, wenn ich gewußt hätte, daß er so teuer ist. Wann gibt's bei euch das große Thanksgiving-Essen?«
Treva und Mel wechselten Blicke.
»Heuer werden wir zu Thanksgiving gar nicht da sein, Liebes«, sagte Treva rasch. »Wir gehen aus. Mel, schau nach, was Danny macht, die Toilettenspülung läuft.«

»Bist du dir klar, wie lange es her ist, daß wir einen Feiertag gemeinsam verbracht haben?«

»Wie geht es Gayle?« fragte Treva. »Gloria, wo ist Jeffreys Windel?«

»Die zieht er jetzt immer aus, wenn was drin ist. Geh und hol deine Windel, Jeffrey. Ich weiß — a-a! Gayle? Die gehen schon wieder für die Ferien auf Kreuzfahrt. Wenn ich es nicht besser wüßte, bekäme ich den Eindruck, daß uns an den Feiertagen keiner will.«

»Aber nein, Liebling, die Musikkassette ist nichts zum Hineinbeißen. Gib sie Oma. Nein, nein, nicht weinen!«

»Mutter, wenn du ihr etwas nimmst, mußt du ihr etwas anderes geben.«

»Bin schon dabei«, sagte Treva und hob die Hand. »Zu schade, daß ihr das Zimmer mit den vielen Spielsachen nicht mehr habt wie früher. Da waren sie immer beschäftigt. Benutzt ihr es jetzt wirklich als Kapelle?«

»Es vergeht kein Tag, an dem ich nicht hineingehe und meditiere«, sagte Treva. »Und was ist mit Gayle? Hat sie noch immer ihr ›Komplettes Zweit-Kinderzimmer‹?«

»Nein, sie hat es vor drei Jahren in eine Sattelkammer umfunktioniert.«

»Eine Sattelkammer innerhalb des Hauses?«

»Ach was, sie haben sowieso keine Pferde. Tja, ich muß los. Ihr ruft doch an Thanksgiving an?«

»Selbstverständlich. Melanie, das ist Omas Körperpuder, der kostet 12 Dollar 50 die Schachtel. Den mußt du schön hierlassen. Du kannst ihn wieder-

sehen, wenn du das nächstemal kommst. Melanie
– bitte! Laß den Deckel drauf!«
»Soll ich es aufputzen?« fragte Gloria.
»Nein, das mach ich schon, wenn ihr weg seid«, sagte Treva. »Paß gut auf dich auf, Liebes, laß sie keinen Moment aus den Augen, ja?«
Als der Wagen aus der Einfahrt gefahren war, begannen Treva und Mel mechanisch und ohne ein Wort mit dem Ritual, das sie schon so oft abgezogen hatten.
Treva nahm in jede Hand einen Schwamm und ging rasch durchs Zimmer, wobei sie die Türrahmen abwischte, den Eisschrank und die Schränke. Sie ließ den Hund aus der Waschküche, schraubte die Knöpfe wieder an den Fernsehapparat und holte die Zimmerpalme wieder ans Tageslicht.
Mel kam mit dem Staubsauger und saugte Krümel und Puder auf. Er holte die Kegel-Trophäe vom Küchenschrank herunter und drehte über der Badewanne die Hähne zu. Die Bonbons kamen wieder auf den Tisch.
Während Treva drei Streifen Leukoplast von der Wand der Diele zog, rieb Mel einen hellen Fleck von der Klavierbank, wo ein nasses Glas gestanden hatte.
Als Treva zur Kapelle strebte, sagte Mel: »Weißt du noch? Das erste Thanksgiving, als Gloria nicht heimkam? Da hast du ihren Platz schwarz drapiert und ihr Bild auf den Stuhl gestellt.«
Treva verzog das Gesicht. »Sprich nicht darüber, Mel«, sagte sie.

Ein anonymer Brief

Anmerkung der Autorin: Diesem anonymen Brief, den ich im Mai 1982 von einer Mutter aus dem Norden New Yorks erhielt, ist kein Wort hinzuzufügen. Er gehört unverändert in dieses Buch.

Liebe Erma Bombeck,
ich habe immer das Gefühl, daß Sie meine Freundin sind. Gewundert hat mich nur, daß ich größer bin als Sie. Wie auch immer: Ich habe etwas, das möchte ich mit Ihnen besprechen. Eine Lösung gibt es dafür nicht. Aber Sie sollen wissen, daß es uns gibt, daß wir Menschen sind wie die anderen auch und daß unsere unschilderbare Hilflosigkeit uns sehr weh tut.
Ich gehöre zu einer Gruppe, die nicht weiß, daß sie überhaupt eine Gruppe ist. Wir haben keine Organisation, keine Zusammenkünfte, keine Sprecher, wir wissen nichts voneinander. Jeder von uns ist als Individuum ganz weit im Abseits, bei den Ratten und Küchenschaben. Und dabei sind wir vielleicht nicht ein bißchen anders als unsere Nachbarn. Wir sehen genauso aus, wir reden und handeln genauso, und doch, wenn die unser Geheim-

nis erfahren, weichen sie vor uns zurück, als hätten wir die Pest.
Wir sind die Eltern von Kriminellen. Auch wir haben unsere Kinder lieb. Auch wir haben nach besten Kräften versucht, sie gut zu erziehen. Wenn man in der Zeitung liest, daß auch mal das Kind von einem Filmstar oder einem Politiker verhaftet wurde, ist das nur ein schwacher Trost. Es hilft uns nicht, zu erfahren, daß unser Kummer sich nicht auf die Armen beschränkt. (Obwohl Untersuchungen ergeben haben, daß ein reicher Junge von der Polizei eher nur ermahnt und heimgeschickt wird, ein armer Junge dagegen in den Knast wandert.)
Wir sind die Besucher. Am Muttertag, zu Weihnachten können unsere Kinder nicht zu uns kommen, also gehen wir zu ihnen. Für einige von uns ist der Schmerz so unerträglich, daß wir seine Ursache verdrängen — wir geben die Kinder auf. Es gibt Eltern, die besuchen ihre Kinder nicht, schreiben ihnen nicht, erkennen das Menschenwesen nicht mehr an, das sie einmal geboren haben. Ich habe meinen Sohn noch nicht aufgegeben, auch wenn das Gericht es getan hat. Ich weine immer noch, setze mich immer noch für ihn ein, ermutige ihn und bete. Und ich habe ihn immer noch lieb.
Ich durchforsche mein Gedächtnis danach, wo ich bei ihm versagt habe. Mein Sohn war Wunschkind, war genau das vielseitig begabte Kind, auf das ich gehofft hatte. Ich verbrachte viel Zeit mit ihm, las ihm Geschichten vor, ging mit ihm spazieren, spielte mit ihm Fangen, lehrte ihn, Drachen steigen zu lassen. Jeden Sonntag gingen wir, seit er vier

war, in die Kirche. Er war gut in der Schule, seine Lehrer hatten ihn gern. Er hatte viele Freunde, die Ball spielen oder fischen gingen, eben was normale Kinder so machen. Er war auch in der Schülermannschaft. Ich bin zu jedem Spiel gegangen. Er gewann eine Trophäe für die All-Stars. Er war ein Kind wie alle anderen.

Und dieses Kind ist nur eines. Meines. Es gibt Tausende davon, Kriminelle mit normaler Kindheit, meine ich. Wir, ihre Eltern, versuchen, normale Leben zu führen. Und werden manchmal in Acht und Bann getan von unseren Angehörigen und mit Sicherheit von der Gesellschaft. (»Vielleicht ist es ansteckend?«)

Morgen ist wieder Muttertag. Mein Sohn ist auf der Flucht vor der Polizei. Das bin ich nicht. Ich entschuldige nicht, was er getan hat, ich versuche nicht, es zu rechtfertigen. Aber ich habe ihn noch lieb, und es tut sehr weh.

Hoffentlich bringen Sie es über sich, uns zu akzeptieren, die wir die Kinder lieben, die die Gesellschaft haßt.

Ich weiß genau, warum ich meinen Namen nicht unter diesen Brief setzen kann. Ich danke Ihnen, daß ich mir das alles einmal vom Herzen reden durfte.

»Mom«

P. S.: Ich weiß auch, daß Sie wissen, dies ist kein erfundener Brief. Mich gibt es wirklich. Ich wollte, es gäbe mich nicht. Fröhlichen Muttertag!

Frühstück am Muttertag

Im Bett ist schon vieles geschehen – im Namen der Liebe. Aber nichts reicht heran an das traditionelle Muttertagsfrühstück im Bett.
An diesem Tag werden im ganzen Land die Mütter zurück in die Kissen geschubst, ihre Orchidee (die nur alle zwei Jahre fünfzehn Minuten lang blüht) wird abgeschnippelt und in ein Schnapsglas gesteckt, und eine seltsame Zusammenstellung von Speisen verläßt die Küche, geeignet, das unbefangene Auge erblinden zu lassen.
Erst schwirrt der Mixer hemmungslos und wird abrupt angehalten, wobei eine Stimme brüllt: »Du, das sag ich aber!«
Ein Hund bellt, und eine Stimme befiehlt: »Nimm ihm die Pfoten da raus, das soll Mom noch essen!«
Es vergehen Minuten. Schließlich tönt es: »Dad? Wo ist die Chili-Sauce?«
Dann: »Untersteh dich und blute auf Moms Frühstück!«
Der Rest ist ein Chaos von zuknallenden Türen, laufendem Wasser, raschen Schritten und dem Kommando: »Du hast das Feuer gemacht, du löschst es auch aus!«

Das Frühstück selbst hält sich einigermaßen im Rahmen des Üblichen: Eine Wasserkaraffe voll Saft, fünf Streifen schwarzer Speck, die zerkrümeln, wenn man darüber ausatmet, ein Haufen Rührei, genug für ein Regiment, und vier Stück kalter Toast. Die Familie reiht sich neben dem Bett auf, sieht einem beim Essen zu und fragt von Zeit zu Zeit, warum man nicht seinen Saft trinkt oder die Melone ißt, auf der mit schwarzen Oliven M – o – m ausgelegt ist.

Später dann, am Abend, wenn man zu dem Schluß gekommen ist, es sei leichter, in ein neues Haus zu ziehen als diese Küche wieder sauberzukriegen, kehrt man ins Bett zurück und trifft unter der Bettdecke auf ein Cremehütchen oder eine schwarze Olive, die einst das O in M – o – m gebildet hat.

Wenn Sie weise sind, werden Sie an diesem Tag gründlich nachdenken. Zum ersten Mal haben die Kinder gegeben, statt immer nur zu nehmen. Sie haben Ihnen auf die ehrlichste Weise geschmeichelt in dem Versuch, für Sie zu tun, was Sie sonst für andere tun. Sie haben Ihnen eines der größten Geschenke gemacht, das man jemandem machen kann: sich selbst.

Es werden andere Muttertage kommen und eine lange Reihe von Geschenken, die Sie verblüffen und überraschen, aber nichts wird an das Erlebnis heranreichen, als damals eines Ihrer Kinder am Muttertag in der Küche flüsterte: »Untersteh dich und blute auf Moms Frühstück!«

Niemand zu Hause?

Im Jahr 1981 war Miriam Volhouse die einzige hauptamtliche, zu Hause bleibende Mutter im ganzen Wohnblock. Ihr Name wurde auch von siebzehn Kindern genannt, die bei einer Schulumfrage schreiben mußten: ›*Wen rufe ich im Notfall an . . .*‹

Gelegentlich geriet Miriam in Versuchung, es ihren Freundinnen gleichzutun und einen Job außer Haus anzunehmen, doch sie widerstand, weil sie sich für eine gewissenhafte Mutter hielt und das Mit-den-Kindern-Reden so wichtig war.

Jeden Abend, wenn Miriam eine Tür knallen hörte, rief sie: »Mark, bist du das?«

»Was ist denn? Buzz wartet. Wir gehen Baseball üben.«

»Können wir uns nicht einfach zusammensetzen und uns unterhalten?«

»Ich muß weg«, sagte er.

Miriam goß zwei Glas Milch ein, häufte Plätzchen auf einen Teller und tastete sich durch das dunkle Wohnzimmer. »Bist du hier drin, Ben?«

»Pschschscht!«

»Na, wie war es denn heute? Du hast bestimmt

allerlei Lustiges erlebt, das du erzählen möchtest. Ich habe heute ein neues Rezept ausprobiert und . . .«
»Mom, bitte laß mich. Ich sehe gerade M-A-S-H.«
Als eine andere Tür knallte, rannte Miriam los und kam gerade noch rechtzeitig, um zu sehen, wie Wendy einen Zettel kritzelte: »Warte nicht mit dem Abendessen. Habe Chorprobe.«
»Wendy, ich möchte, daß du weißt, daß ich da bin, wenn du dich über irgend etwas aussprechen willst. Ich möchte gern wissen . . . Ich möchte gern wissen, was du so über das Leben denkst.«
»Ich bin dafür«, sagte sie und zog den Mantel an. Dann fiel ihr noch etwas ein. »Mom, du mußt dir eine Beschäftigung suchen. Du kannst dich nicht immer auf deine Kinder stützen, wenn du Gesellschaft brauchst.«
Miriam trank beide Gläser Milch, aß den Plätzchenteller leer und fühlte sich verschmäht. Nie war jemand zu Hause, wenn sie es war. Kinder sollten gar keine Eltern haben, wenn sie sie so behandeln! Und wenn ihr etwas passierte? Wer würde es erfahren? Sie waren so egoistisch, dachten nur an sich. Sie konnte sich kaum noch erinnern, wann sie sich das letztemal hingesetzt und mit ihr über ihre – der Mutter Probleme – gesprochen hatten oder darüber, wie sie ihren Tag verbrachte. Wie bekamen andere Mütter ihre Kinder so weit, mit ihnen zu sprechen?
Das erfuhr sie. Sie nahm einen Job an.
Von nun an kam sich Miriam täglich zwischen 15 und 18 Uhr vor wie die Telefonseelsorge. Ihre

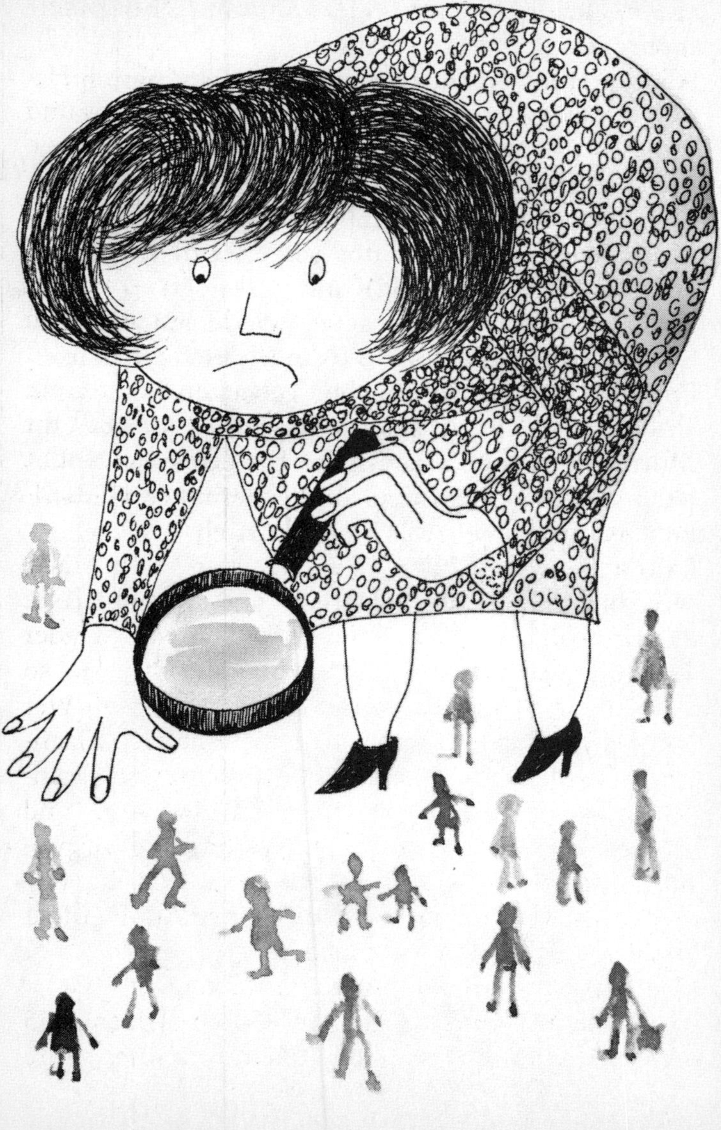

Kinder riefen alle paar Minuten an, jedesmal mit einem neuen Problem. Sie konnte sie gar nicht mehr zum Schweigen bringen.

Als sie eines Abends in der Küche herumrannte und die Hamburger zum Auftauen in der Trockenschleuder herumwirbelte, wobei sie ihren Kindern Befehle erteilte, gewisse Hausarbeiten zu übernehmen, sagte ihr Sohn plötzlich: »Wenn du nicht zu Hause bleiben und für uns sorgen willst, warum hast du dann überhaupt Kinder gekriegt?«

Und ihr anderer Sohn sagte: »Wenn ich von der Schule heimkomme, ist nie ein Mensch zu Hause. Früher hast du uns Plätzchen gebacken.«

Und ihre Tochter sagte: »Manchmal denk ich, Mütter sind doch eigentlich sehr egoistisch. Nie reden sie mit einem über ihre geheimsten Gedanken, zum Beispiel, was sie eigentlich vom Leben halten . . .«

»Ich bin dafür!« sagte Miriam und mischte den Salat.

Mutters Verfehlungen

Motto: Wer unter euch ohne Sünde ist, werfe den ersten Stein!

* Kinder und Verantwortung zu vergessen, sie hilflos und einsam zurückzulassen, mit einem Babysitter für 200 Dollar, einem Kühlschrank voller Delikatessen und Spielsachen im Wert von 600 Dollar, während man mit seinem Mann aus purer Vergnügungssucht an einer Beerdigung in der Provinz teilnimmt.
* Zum ersten Geburtstag des Sohnes eine Torte im Laden zu kaufen.
* Der Tochter die störrischen roten Haare und dem einzigen Sohn die geringe Körpergröße zu vererben.
* Billiges Shampoo für die Biologiestunde mit dem Thema »Kräuter und ihr Vorkommen im praktischen Leben« in eine Flasche zu füllen.
* Dem Jüngsten der Familie zu erklären, warum sich in seinem Babybuch nur sein Fußabdruck als Neugeborener, ein Gedicht und ein Rezept für Karottentorte befinden.
* Versehentlich eine Eidechse in die Toilette zu spülen und dem Kind zu sagen, das Tierchen

hätte einen Anruf bekommen, bei ihm daheim sei etwas passiert.
* Vom Krankenhaus nach einer Totaloperation nach Hause zu fahren und sich bei den Kindern dafür zu entschuldigen, daß man ihnen nichts mitbringt.
* Sich im Bad zu verstecken, wenn die Kinder im ganzen Haus nach einem rufen.
* Sich ein Mittagsschläfchen zu gönnen und, wenn man mit dem Sofakissenmuster auf der Wange angetroffen wird, den Kindern zu sagen, es sei ein Ausschlag.
* Drei Zeitungen in den Abwasserkanal zu werfen, obwohl man dem Kind mit gebrochenem Arm versprochen hat, sie an seiner Stelle auszutragen.
* In einer Teedose besonders leckere, handgefertigte Pralinen aufzubewahren und sich einzureden, Kinder könnten Qualität noch nicht erkennen.
* Den Pullover der Tochter, der 40 Dollar gekostet hat, zu heiß zu waschen.
* Einen Tag lang zu vergessen, die eigene Mutter anzurufen.
* Den Wagen niemals jemandem zu leihen, den man selbst geboren hat.
* Übertrieben zu reagieren, wenn ein Kind ein altes, in einem Buch verstecktes Zeugnis von einem findet und damit zu drohen, das Kind auszusetzen, wenn es nicht dichthält.
* Den Einkaufswagen aus dem Supermarkt fahren und das Baby in einem anderen zu vergessen, bis man den Zündschlüssel umdreht.

* Mit dem Sohn über die Hausaufgaben zu streiten, sie dann selbst zu machen und eine 3 dafür kriegen.
* Abzulehnen, die Tochter, die ausschließlich von Kreditkarten lebt, durch Übernahme einer Bürgschaft aus der Haft zu befreien.
* Eine Maus auf die Hemdtasche eines Sohnes, der weitsichtig ist, zu nähen und ihm zu erzählen, es sei ein Alligator.
* Kurz vor der Party ein obszönes Poster aus dem Zimmer des Sohnes zu entfernen und durch eine Broschüre für ein Ferienlager mit Mathematikunterricht zu ersetzen.
* Die Badezimmertür mit einem Eispickel zu öffnen, nachdem ein Kind eben gesagt hat, es tue nichts Besonderes, und dann festzustellen, daß es tatsächlich nichts Besonderes tut.
* Eine seelisch labile Lehrkraft in der Schule aufzusuchen und ihr zu sagen: »Ich begreife das gar nicht. Zu Hause macht er so was nie.«
* Erst dann ein Kind wegen einer verschluckten Münze röntgen zu lassen, wenn man erfahren hat, daß es sich um ein Sammlerstück handelt.
* Bei der Schulaufführung zu gähnen, bei der die eigene Tochter eine tragende Rolle spielt.
* Dem Sohn die Stiefel aus dem vergangenen Jahr an- und den Reißverschluß zuzuziehen, obwohl man weiß, daß sie nur mit ärztlicher Hilfe wieder herunterzukriegen sind.

Ach, nehmt ihr sie doch mal zu euch...

Sie kennen doch das Spiel mit den Stühlen, das »Die Reise nach Jerusalem« heißt? Rose hatte es die letzten fünf Jahre spielen müssen. Abgesehen vom Lotto, ist es das verbreitetste Spiel des 20. Jahrhunderts und man braucht dazu zwei bis acht Spieler. Die Regeln sind ganz einfach.
Man nehme eine verwitwete Mutter und drehe sie so lange im Kreise, bis sie bei einer Tochter in Florida zur Ruhe kommt. Die Tochter in Florida bekommt vier Monate Zeit, ihren Bruder in Chicago dahingehend zu bearbeiten, daß er die Mutter zu sich nimmt. Der Bruder in Chicago behält sie, bis er etwa einen halben Zentner Schuldgefühle auf seine Schwester in Kalifornien gewuchtet hat. Die Mutter ist immer die Verliererin.
Rose brachte mehr Flugkilometer hinter sich als ein Astronaut des Space-Shuttle.
Seit ihr Mann Seymour vor vier Jahren gestorben war, wechselte Rose alle vier Monate das Schlafzimmer. In ihren Wunschträumen malte sie sich ein Altenwohnheim aus, den Luxus eines eigenen Zimmers, einen Ort, an dem sie sich unterhalten konnte, wenn ihr danach war, und wo sie von

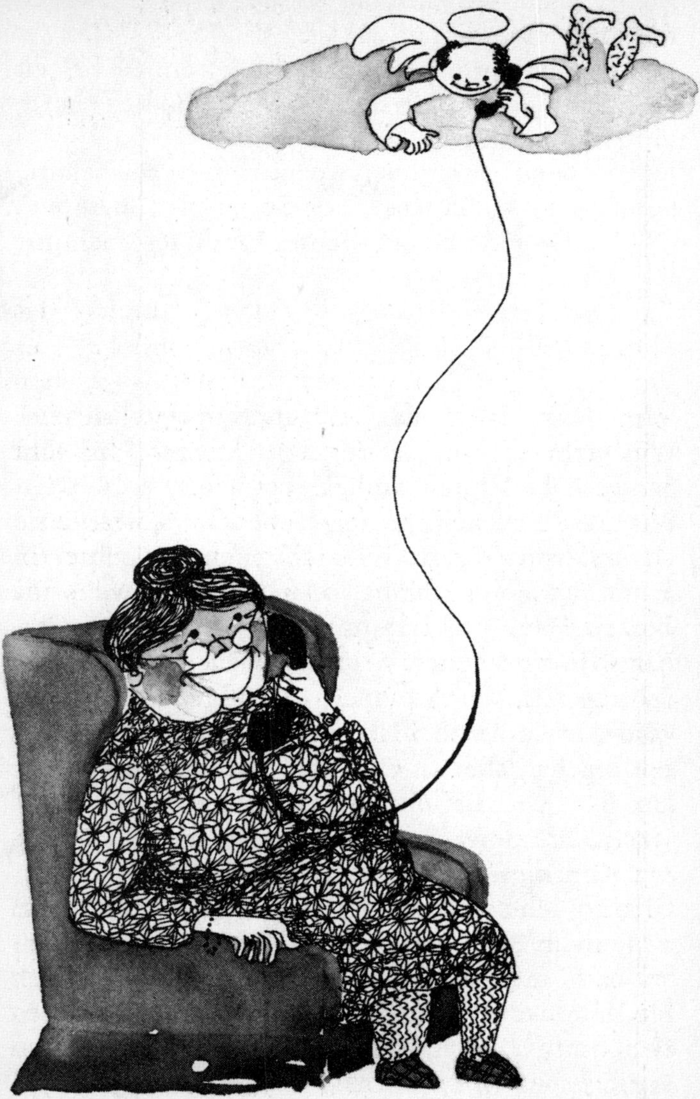

Menschen umgeben war, die ebensolche Verdauungsprobleme hatten wie sie.
Ihre Kinder wollten nichts davon hören. Sie hatten die Verpflichtung, für sie zu sorgen, und Rose hatte die Verpflichtung, es auszuhalten.
Jeden Abend, ganz gleich wo sie sich gerade befand, vergönnte es sich Rose, die Gegenwart Seymours zu beschwören und ein kleines Nachtgespräch mit ihm zu führen.

Florida (Juli)

Ich bin also in Florida. Dann muß es also Juli sein. Wie steht es bei dir, Seymour? Irene, Sam und Sandy haben mich am Flugplatz abgeholt. Dein Enkel ist eine richtige Vogelscheuche. Zwölf Jahre alt und wiegt bestimmt nicht mehr als fünfzehn Pfund. Ist ja auch nicht anders möglich, wenn im ganzen Haus nichts zum Essen aufzutreiben ist. Alles Brot ist gefroren, und auf jeder Packung im Schrank ist der Stempel »Rein«, »Natur« oder »Bio«. Ich möchte wirklich nicht, daß du dir Sorgen machst, aber an Chanukka wird er tot sein.
Ich bin, wie üblich, im Gästezimmer untergebracht. Erinnerst du dich an die Intensivstation in der Klinik? Das gleiche Dekor. Dort stellen sie alles ab. Ich schlafe neben einem Ping-Pong-Tisch und einem Bügelbrett, das seit ihrem Umzug hierher noch nie aufgestellt worden ist.
Bei Irene ist alles unverändert. Ihre Eiswürfel riechen immer noch nach Melone, und sie glaubt, Staub sei ein Mittel, um die Zeit daran zu messen.

Wo haben wir versagt, Seymour? Es ist nur gut, daß du nicht da bist und es siehst. Die Frau wäscht nicht einmal das Geschirr in einer Lauge und spült es dann nach, ehe sie es in die Spülmaschine stapelt.
Ich muß jetzt gehen. Irene hat in der Küche »Thema-Woche«, und heute abend ist Korea dran. Ich verhungere noch mit diesem Eßstäbchen. Bis bald, wenn die Gebühren billiger werden. Das soll ein Witz sein, Seymour.

Florida (Oktober)

Seymour, bist du da? Wie gefällt dir meine neue Frisur? Irene fand, ich müsse das Haar straff zurückgekämmt in einem Knoten tragen. Ich finde, es macht mich älter. Wenn du auch meinst, daß es mich älter macht, gib mir ein Zeichen, zum Beispiel dadurch, daß hier die Luftfeuchtigkeit auf 96 Prozent sinkt.
Heute bin ich zweimal ohnmächtig geworden. Erinnerst du dich an die Töpfe und Pfannen mit dem Kupferboden, die wir Irene zur Hochzeit geschenkt haben? Du würdest sie nicht wiedererkennen, Seymour. Ich habe sie heute gesehen und gesagt: »Das können doch unmöglich die Töpfe und Pfannen sein, die dein Vater und ich dir gekauft haben.« Sie sagte: »Wieso, was ist denn an ihnen verkehrt?«
Und da sagte ich: »Würde es dich umbringen, jedesmal, wenn du sie benutzt hast, ein bißchen Scheuerpulver draufzustreuen?«

Sonst passiert nicht viel. Ich habe meine Krankenversicherung bezahlt. Irene und Sam wollten, daß ich mit ihnen zu Levines zum Essen fahre, aber als wir das letztemal ausgingen, wusch ich gerade Tassen am Ausguß aus, und sie saßen schon im Wagen und haben mich angehupt, daß ich fast in Ohnmacht gefallen bin. Es ist die Verstimmung nicht wert.
Ich habe gehört, wie Sam mit Russell telefoniert hat, es sieht demnach so aus, als machte ich demnächst meinen Jahresbesuch in Chicago. Viele Menschen überwintern dort. Gehab dich wohl.

Chicago (November)

Hallo, grüß dich, Seymour. Rat mal, wer da ist! Ich muß etwas wissen: Als du in den Himmel gingst, hattest du da auch einen fünfstündigen Zwischenaufenthalt in Atlanta? Wenn ja, komm ich nicht.
Dein Sohn sieht gut aus. Barbara so, wie zu erwarten war. Die Kinder haben noch immer keine Hälse. Ich frage mich, warum. Russell hat doch einen Hals. Meine Theorie ist, daß sie alle ständig frieren und versuchen, sich mit hochgezogenen Schultern warmzuhalten.
Barbara und ich spielen jeden Abend Thermostat-Roulette. Ich begreife nicht, wie sie es aushält. Neulich abends sagte sie: »Es ist gesünder, in einem kalten Zimmer zu schlafen.« Und ich sagte: »Wer schläft schon! Ich habe Angst einzunicken und vielleicht nie wieder aufzuwachen.«
Doch, die Frau gibt sich Mühe. Immerhin: vier

Kinder. Sie hat alle Hände voll zu tun, David sauberzukriegen. Dabei bedient sie mich hinten und vorn. Füllt meinen Teller, wäscht meine Wäsche, erinnert mich daran, meine Pillen einzunehmen, und verwandelt mein Bett jedesmal zurück in ein Sofa, wenn ich auf die Toilette gehe. Spielst du Golf? Wir sprechen uns bald wieder.

Chicago (Februar)

Sei ehrlich mit mir, Seymour: Liegt es an mir? Oder werden die Winter immer länger? Ich habe heute am Fenster gestanden und konnte mich um alles in der Welt nicht daran erinnern, wie grünes Gras aussieht. Ich fragte Barbara, aber sie stand nur da und sah mich an. Wahrscheinlich kann sie sich ebensowenig erinnern. Ich habe meine Krankenversicherung bezahlt. Was ich am meisten sehe, sind Fernsehserien. Zu schade, daß du die nicht sehen kannst. Bei denen schlägt das Herz wieder, weißt du? Bin heute beim Zahnarzt gewesen. Er hat gesagt, ich muß all meine Brücken erneuern lassen. Halt deine Brieftasche fest, Seymour, es wird 4000 Dollar kosten.
Als ich das Barbara erzählte, sagte sie: »Du bist 72, wozu willst du dir die Zähne noch mal reparieren lassen?«
Russell hat heute mit Judith gesprochen. Er hat gesagt, sie ist einsam nach der Scheidung und möchte, daß ich sie besuche. Ganz plötzlich fühlte ich mich sehr alt und sehr müde. Wenn ich erst in Kalifornien bin, werden mich der Smog, die Busch-

brände, die Überschwemmungen und Erdbeben wieder aufmuntern.

Kalifornien (März)

Ich weiß, ich bin eben erst hier angekommen, Seymour, aber ich muß mit dir sprechen. Unsere Judith hat sich das Gesicht liften lassen. Wie weit kann es mit 43 schon heruntergesunken sein? Ich dachte gleich, als ich sie sah, daß sie irgendwie verändert ist. Sie sieht jetzt 24 Stunden pro Tag so aus, als wundere sie sich über irgend etwas.
Dein Enkel Marty und ich haben uns auf dem Weg vom Flugplatz in die Stadt lange unterhalten. Ich erzählte ihm von meinen Zahnbrücken, und er sagte dasselbe wie du: »Nur zu!«

Kalifornien (April)

Seymour, wir dürfen uns nicht mehr auf diese Weise treffen. Schon wieder ein Witz! Ach, es tut gut, dich lachen zu hören. Heute habe ich eine neue Freundin gefunden. Du weißt doch, ich hasse Trockenschleudern, deshalb habe ich ein paar Hemden von Marty herausgenommen und hinter dem Haus eine Leine gespannt. Dabei habe ich eine Frau getroffen, sie besucht ihren Sohn im Nachbarhaus. Und weißt du was? Halt dich fest: Sie hängt die Hemden am Schlapp auf statt am Kragen.
Sie hat mich für morgen zu einer Beerdigung eingeladen. Vielleicht gehe ich sogar hin. Nur, um mal wieder was schlaff Hängendes zu sehen.

Du erfährst es vermutlich sowieso, aber es ist mir lieber, du hörst es von mir. Judith trifft sich mit einem Mann, der Patrick heißt. Ich hab ihn gefragt: »Wie heißen Sie bitte mit Nachnamen?« Und er hat gesagt: »Murphy.« Und ich hab gefragt: »Und wie hießen Sie vorher?« — »Vor was?« hat er gefragt. Du, ich glaube, er ist nicht jüdisch. Ach, womit hab ich das verdient?

Im Mai kam Rose der Verdacht, daß ihr Leben sich bald ändern würde. Für gewöhnlich wurde um diese Zeit ihre Reise nach Florida festgelegt.
Es war lange telefoniert worden. Und auch oft. Judith hatte in der Nacht mit leiser, ernsthafter Stimme mit Irene und Sam gesprochen. Russell und Barbara hatten mit Judith gesprochen, die zwischendurch nickte und sagte: »Ja, ist mir auch schon aufgefallen.«
Im Juni rief Judith ihre Mutter zu einer Aussprache in die Küche. Die ganze Familie habe ihr »auffälliges Verhalten« bemerkt. Barbara habe Besorgnis darüber geäußert, daß Rose in Chicago an einem Fenster gestanden und gemurmelt habe: »Gib zu, lieber Gott, dieses Chicago war ein Riesenblödsinn.«
Irene habe unter Tränen berichtet, sie habe eines Abends in Roses Zimmer hineingeschaut und sie in tiefsinniger Unterhaltung mit dem Ping-Pong-Tisch angetroffen. Man sei übereinstimmend der Meinung, Rose gehöre in ein Heim.

Das Zimmer war recht kümmerlich, aber Rose

wußte sich zu helfen. Sie holte sich den Schaukelstuhl und ein paar Kissen und Gläser, die sie aufgehoben hatte, aus dem Möbeldepot. Ehe sie auspackte, mußte sie mit Seymour Kontakt aufnehmen.
»Bist du da?« fragte sie mit einem Blick gegen die Decke.
»Hör mal, du wirst es bestimmt nicht glauben, aber ich habe nach Atlanta fahren müssen, um hierherzukommen. Ich hätte gedacht, von Kalifornien nach Colorado wäre der kürzeste Weg, du doch auch, nicht?«
Aus dem Augenwinkel sah Rose, daß eine Mitbewohnerin des Heims gekommen war. »Wart einen Moment, Seymour«, sagte sie, »es ist Besuch gekommen.«
Die Besucherin sagte: »Sie sprechen mit Seymour? Mein Mann ist vor zwei Jahren gestorben, und er redet immerzu von einem Seymour. Spielt er Golf? Was ist sein Handikap?«

Weihnachtsstimmung – und was sie kostet

Jedes Jahr wünscht sich eines meiner Kinder zu Weihnachten ein Spiel. Immer ist es eines, bei dem die Nachfrage das Angebot um etwa 355 000 übersteigt.

Jedes Kind in der ganzen Stadt hat es auf seinem Wunschzettel. Das Spiel wird seit Juni im Fernsehen angepriesen, wobei unterstellt wird, daß das Kind es unter dem Baum finden muß, sonst ist man als Erziehungsberechtigter ein Versager, und das Kind wird später in einer Skimütze mit Sehschlitzen Supermärkte ausrauben.

Ab September hat das Kind sich derart in den ›Wunsch‹ hineingesteigert, daß es, sollte es das Spiel nicht bekommen, möglicherweise zu atmen aufhört. Es versichert Ihnen, daß es das einzige Spiel ist, das es sich wünscht.

Jetzt ist es an Ihnen, das Spiel aufzutreiben. Um keinen Prozeß an den Hals zu kriegen, nenne ich das Spiel »Blamage – der Spaß für die ganze Familie, Bestellnummer 17055354, Batterien extra«.

Im Oktober hat kein Geschäft Ihres Viertels das Spiel »Blamage« mehr vorrätig und kann Ihnen auch keine Hoffnung auf Nachlieferung machen.

Aber die Fernsehreklame geht weiter und zeigt eine typisch amerikanische Familie: Mom, Dad und 2,5 Kinder, die um den Tisch sitzen und »Blamage« spielen, bis sie von den Stühlen kippen.

Das Backen des Christstollens, den Kauf des Weihnachtsbaums, die Einladung für die Weihnachtssänger, das Schmücken des Hauses und die Weihnachtskarten können Sie vergessen. Jeden Morgen, wenn der Wecker klingelt, springen Sie mit beiden Beinen aus dem Bett und stoßen den Schlachtruf aus: »Heute werde ich ›Blamage‹ auftreiben!«

Mitte November sind Sie auf der Suche nach dem Spiel bereits 2500 km gefahren, weil Sie Hinweisen von Freunden folgten, wonach ein Discountmarkt im Norden des Staates noch zwei Stück hat oder in einem Spielzeugladen noch eins unter dem Ladentisch liegt, zwar beschädigt, aber immerhin. Mehrfach kommen Sie in Versuchung, ein Spiel zu kaufen, das »Blamage« gleicht wie ein Ei dem anderen, doch Sie wissen im innersten Herzen – es wäre doch nicht das!

Wenn Sie Glück haben, gewinnen Sie ganz kurz vor Weihnachten den Wettlauf mit einem alten Großmütterchen zum Ladentisch, entreißen ihr das letzte Spiel »Blamage« auf dieser Welt, kaufen Batterien dazu und legen es unter den Baum.

Am Abend des Weihnachtstages dann, wenn Sie die vielen Papiere, Bänder und Garantiescheine aufsammeln, fällt Ihr Auge auf das Spiel »Blamage«. Es ist noch immer in seiner Schachtel, und das Preisschild (49,92) strahlt wie ein Leuchtturmfeuer.

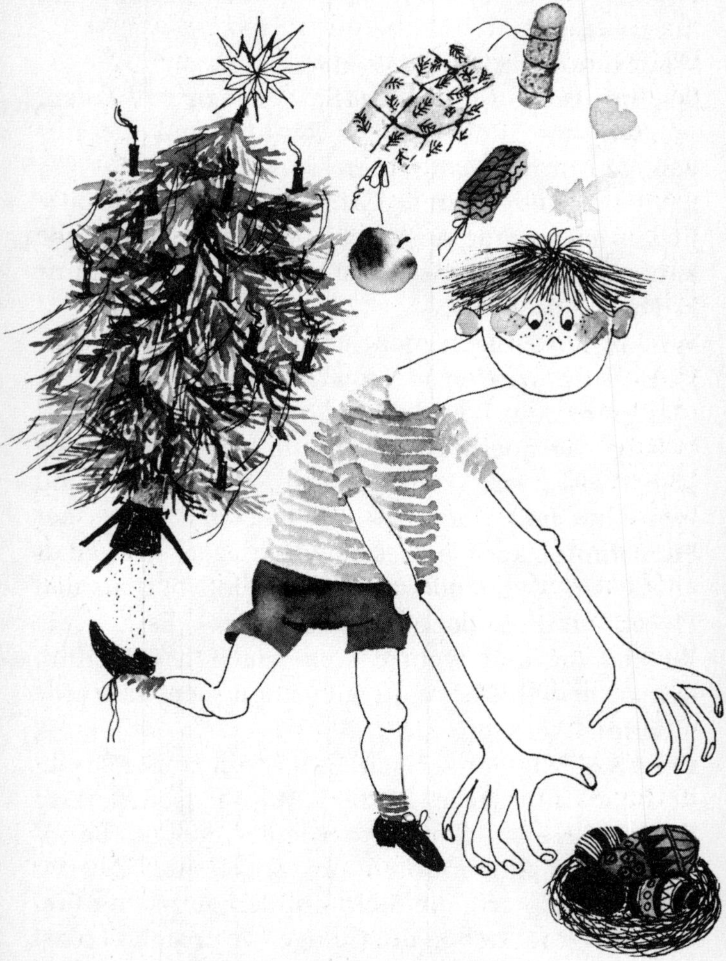

Die Kinder spielen mit einem Karton und lassen die Lufttaschen der Plastikpackungen knallen. »Blamage« hatte seinen großen Augenblick, und der ist vorbei.
Warum nur tun wir so was?
Wie bringt man uns dazu, Spielsachen zu kaufen, die wir uns nicht leisten können und die nur wenige Minuten lang Interesse wecken?
Dafür gibt es mehrere Gründe: Erstens sind alle Eltern im Grunde unsicher und wollen sich Liebe kaufen, und zweitens haben wir alle ein verdammt kurzes Gedächtnis.
Wir wollen einfach nicht an die Spielsachen denken, die in der Vergangenheit ausrangiert wurden. Das Pferd zum Beispiel.
Wissen Sie noch? Es war braun und soff achtzig Liter Wasser pro Tag. Es machte viel Freude und lebte drei Jahre lang bei uns. Jedesmal, wenn der Hufschmied kam, um es zu beschlagen, kostete es 45 Dollar. Niemand wollte ihm den Mist aus den Hufen kratzen, denn das war »fies«. Es zog die Fliegen an und wehrte sich gegen das Gefühl, etwas auf dem Rücken tragen zu müssen. Es wurde zwölfmal geritten.
Oder der Ping-Pong-Tisch. Es war ein großer Tisch, und auf ihm lagen Bücher, Mäntel, schmutzige Wäsche, Frühstückspakete, Kleider, die zur chemischen Reinigung mußten, und Stapel alter Zeitungen. Er versperrte die Sicht auf den Fernseher und endete schließlich in der Garage, wo er sich verzog.
Von verflossenen Weihnachtsfesten stammt auch die Gesamtausgabe eines ledergebundenen Lexi-

kons mit Goldschnitt und 3000 Illustrationen. Es sollte der Familie ein ganz neues kulturelles Niveau bescheren. Soviel ich weiß, wurde es zweimal benutzt, einmal, um Bilder von Eva nachzusehen, die in Band V nackt abgebildet war, und dann, um die Tür offenzuhalten, als das neue Sofa geliefert wurde.

Ich denke auch noch an das aufblasbare Schwimmbecken, das die Familie einander näherbringen sollte. Es wurde am Morgen des 5. Juli offiziell eröffnet und am Abend des 5. Juli offiziell aus dem Verkehr gezogen, als feststand, daß ein kleiner Nachbarjunge fünf Gläser Limo getrunken und das Becken seit zwölf Stunden nicht mehr verlassen hatte.

Die Eishockeyschläger waren reichlich groß, sie stehen noch immer im Schrank und warten auf die Sammler der Kanadischen Heilsarmee. Sie wurden unbeliebt, als man entdeckte, daß sie keine Stützräder hatten und nur funktionierten, wenn jemand auf Schlittschuhen aufrecht stehenbleiben konnte.

Ich gebe mir Mühe, eine gute Mutter zu sein, eine liebende Muter, eine rücksichtsvolle Mutter, die ihre Kinder gerne glücklich machen will.

Das trifft sich ungünstig. Oberflächlich und herzlos wäre viel billiger.

Mary, das Einhorn

Die vier hatten in völligem Schweigen eine Viertelstunde lang über der Speisekarte gebrütet.
Es war eine Art Gesellschaftsspiel, zu warten, wer als erste die Frage stellen würde. Iris brach das Eis.
»Nimmt jemand Schmalzkringel?«
Die Frage war ebenso albern, als wolle Zsa Zsa Gabor einen Heiratsantrag ablehnen. Niemand, der seiner fünf Sinne mächtig ist, besucht Neiman Marcus' Tea Room in Atlanta, ohne Schmalzkringel zu bestellen.
»Ich weiß nicht recht«, überlegte Mary. »Ich halte Diät, aber vielleicht nehme ich doch einen zur Gesellschaft.«
Die Kellnerin trat von einem Bein aufs andere. »Wollen Sie zwei Körbe, wie immer?« Alle nickten.
Wie lange kamen sie nun schon her? Zweimal im Jahr seit zwölf, fünfzehn Jahren? Jeden 3. Juni versammelten sie sich, um den Geburtstag von Jefferson Davis zu feiern, und am 10. Januar, um der Geburt von Robert E. Lee zu gedenken.
In diesen fünfzehn Jahren war viel geschehen. Ihre Haarwurzeln hatten sich von Schwarz in Grau und

wieder in Schwarz verwandelt. Ihre Kinder waren von daheim fortgezogen, zu Ehemännern und wieder zurück nach Hause. Ihre Männer waren vom Büro ins Rentnerdasein übergewechselt und dann ins Heim, und ihre Wagen waren vom Kombi mit rutschender Kupplung zum Coupé mit rutschender Kupplung geworden.
»Noch eine Runde Sherry von der Bar?« fragte die Kellnerin.
»Warum nicht?« fragte Charlotte. »Schließlich ist es ein festlicher Anlaß.«
»Hat jemand von Evelyn Rawleigh gehört?« fragte Iris.
»Wieso, was ist mit ihr?« fragte Bebe.
»Sie hat sich eine Reihe gräßlicher Allergietests machen lassen, und dabei ist herausgekommen, daß sie gegen Alcantara allergisch ist.«
Sie stöhnten vierstimmig auf.
»Ich würde noch einen anderen Arzt zuziehen«, sagte Bebe.
»Wie tragisch«, meinte Charlotte. »Kann man denn da gar nichts machen?«
»Nichts«, seufzte Iris. »Und das Schlimmste ist – sie geht nicht mehr aus dem Haus. Sie glaubt, jeder starrt sie an.«
Die Kellnerin kam mit dem Sherry, und Bebe brachte einen Trinkspruch aus. »Auf Robert E. Lee, der den Krieg gewann. Wie ist es denn, habt ihr alle schön Weihnachten gefeiert?«
»Iris bestimmt, das weiß ich«, sagte Charlotte. »Dein Weihnachtsrundbrief war wieder genial.«
Himmel, wie sie alle diese Weihnachtsepisteln

haßten! Iris hätte damit die Roman-Bestsellerliste der *New York Times* anführen können. Wer außer ihr hatte Kinder, die mit sieben Monaten sauber, mit sechs Jahren Gastdirigent des Atlanta Symphonie-Orchesters waren und französische Dankesbriefe verfaßten? Verglichen mit dem Familienbild in dem Brief wirkten die berühmten Osmonds melancholisch. War es Einbildung, oder wurden ihre Zähne jedes Jahr gerader?
»Also, mein Weihnachten war einfach zauberhaft«, meldete sich Bebe. »Dede hatte uns alle zu sich eingeladen. Sie ist ein Schatz! Ich könnte sie nicht mehr lieben, wenn sie meine eigene Tochter wäre. Und du, Mary? Ist eines deiner Kinder zu den Feiertagen heimgekommen?«
Heim? Jeff hatte ihr eine Salatschleuder aus Plastik geschickt, so ein Ding, in das man den Salat tut und das Wasser herauswirbelt. Am Weihnachtsabend hatte er aus Vail angerufen, wohin er mit der ganzen Familie gereist war, »um mal auszuspannen«. Wie eingespannt konnte ein 34jähriger Verkäufer von After-Shave-Lotion schon sein?
Jennifer hatte ihr eine teure Chef-Handtasche mit 83 Fächern geschickt, »für die Frau, die viel herumkommt«. Das Dumme war nur, sie kam nirgends hin.
Robin hatte sie am tiefsten enttäuscht. Sie hatte Salz- und Pfefferstreuer in Form von Einhörnern geschickt und dazu einen Brief, in dem es hieß: »Die erinnern mich so an Dich und Dad. Ich habe Dich lieb. Robin.«
Die Gruppe wartete auf ihre Antwort. »Ihr wißt

doch, wieviel sie alle um die Ohren haben, aber wie üblich haben sie viel zuviel ausgegeben. Stellt euch nur vor: handgemachte Pralinen, wo ich ihnen doch gesagt hatte, daß ich Kalorien zähle.«
Bebe winkte der Kellnerin und bestellte noch eine Runde Sherry. Dann wandte sie sich an Charlotte und fragte: »Und wie geht es Walter als Pensionisten?«
Charlotte zwang sich zu einem Lächeln. Sie hatte geheiratet, um mit ihm gute und böse Tage, nicht aber das Mittagessen zu teilen. Seit dem Tag seiner Pensionierung hatte er die Küche übernommen wie ein Direktor. In seiner ersten Woche daheim hatte sie ihre Küche betreten und gefragt: »Sag mal, was machst du eigentlich?«
Er antwortete: »Wenn mir der Herrgott lange genug das Leben schenkt, werde ich deinen Absaugventilator sauberkriegen. Wenn ich mein Büro so geführt hätte wie du deine Küche, Charlotte, wären wir schon vor Jahren verhungert.«
So hatte Walter denn ihre Gewürze nach dem Alphabet geordnet, und sie hatte angefangen, »bei festlichen Anlässen« zu trinken, zum Beispiel vorige Woche auf die Nationale Sparwoche, die Inbetriebnahme einer Abwasseraufbereitungsanlage oder den Tag, an dem sie ihren Pelzmantel aus der Mottenkiste holte.
»Ich habe nicht gewußt, daß das Rentnerdasein so wundervoll sein würde«, sagte sie und flüsterte der Kellnerin zu: »Bringen Sie gleich die ganze Flasche.«
»Findet ihr das Fernsehprogramm auch so entsetz-

lich langweilig?« fragte Iris. »Ich meine, man kann doch keine Show mehr andrehen, ohne daß sich gräßliche Leute mit offenem Mund küssen.«

»Das tun alle«, sagte Bebe. »Sogar Carol Burnett.«

»Dabei fällt mir ein, Iris«, sagte Mary, »wie geht's denn deiner Tochter?«

Iris schrak zusammen. Constance hatte mit ihren 32 Jahren bereits zwei schiefgegange Ehen und zwei wesentliche Beziehungen hinter sich gebracht, hatte ein Kind und war bankrott. Im Weihnachtsbrief lautete das: »Connie lebt in St. Louis und arbeitet an einem Roman.«

Charlotte stieß an ein Glas und konnte es eben noch rechtzeitig auffangen. Sie legte den Finger auf den Mund, zum Zeichen, daß sie um Geheimhaltung bäte. »Sagt ja Walter nichts, aber hab ich euch erzählt, daß er mir neulich in der Haustür entgegengekommen ist und gerufen hat: ›Du hast noch genau drei Stunden, um etwas mit dieser Hefe anzufangen, ehe das Haltbarkeitsdatum abgelaufen ist‹? Da hab ich zu ihm gesagt, er soll sich die Hefe . . .«

»Noch jemand Schmalzkringel?« fragte Iris.

»Wenn du glaubst, nur du hättest Probleme . . .«, sagte Bebe. »Meine Yankee-Schwiegertochter traut mir nicht mal zu, das Baby zu wickeln. Sie behauptet, heutzutage sei alles anders. Das kindliche Wasserleitungssystem scheint mir aber immer noch das gleiche zu sein.«

Mary sprach langsam und betont: »Bekommt ihr auch manchmal das Gefühl, daß das alles gar nicht passiert ist? Daß wir dreißig Jahre unseres Lebens

investiert haben, ohne daß man etwas davon sieht?«
»Ich liebe meine Kinder«, verteidigte sich Iris. »Sogar die, die unverheiratet mit irgendwelchen Kerlen leben.«
»Meine haben mich nie wirklich gekannt«, murmelte Mary wie im Selbstgespräch. »Ich habe es nie zugelassen. Ich konnte es nicht. Ich mußte ein Beispiel geben. Ich mußte dafür sorgen, daß sie nur das Allerbeste sahen. Ich habe nie in ihrer Gegenwart geweint. Ich habe nie gelacht, wenn es nicht angebracht war. In all den Jahren haben sie mich nie unfrisiert gesehen. Was haltet ihr davon?«
»Ist ja fabelhaft«, sagte Iris.
»Nee, obermies«, sagte Mary. »Weißt du überhaupt, was ein Einhorn ist? Ein mist . . . ein mystisches – ein verdrehtes Tier mit Pferdeleib und einem Horn vor dem Kopf, das alle Leute in Kreuzstich sticken. Es ist von allem weit entfernt und unwirklich. Es hat nichts Liebenswertes. So sieht mich Robin. Als Einhorn. Ich war nie wirklich.«
»Und was sollen wir mit dem Rest unseres Lebens anfangen?« überlegte Charlotte. »Eben noch hatte der Tag nicht genügend Stunden, um alles zu tun, was ich zu tun hatte. Und im nächsten Moment ziehe ich alle nackten Puppen an, die meiner Tochter gehört haben, und setze sie nebeneinander aufs Bett. Hat eine von euch schon mal einen Büstenhalter für einen Brustumfang von 5 cm gebügelt? Wir sind noch zu jung zum Zusammenpacken und zu alt, um beim großen Rennen mitzuhalten.«
»Hätten wir denn etwas anders gemacht, wenn wir

damals gewußt hätten, was wir heute wissen?« fragte Charlotte.
Eine Minute lang sprach niemand.
»Ich hätte weniger geredet und mehr zugehört«, sagte Bebe.
»Ich hätte mehr Eiscreme gegessen und weniger Quark«, sagte Charlotte.
»Ich hätte nie etwas im Schlußverkauf erstanden oder etwas, was man bügeln muß«, sagte Iris. »Und du, Mary?«
»Ich wäre menschlicher gewesen – und weniger Einhorn.«
Mary füllte ihr Glas und brachte einen Trinkspruch aus. »Auf die geheiligte Mutter von Robert E. Lee, die an diesem Tag eine Legende geboren hat. Was wetten wir, daß sie zu Weihnachten eine Salatschleuder aus Plastik gekriegt hat?«

Wenn die Zeit kommt...

Ethel wollte es nicht glauben, daß ihre Mutter allmählich senil wurde.
Sie überlegte sehr besonnen, daß viele Zweiundachtzigjährige jede Woche von zu Hause wegliefen, in geparkten Wagen saßen und Selbstgespräche führten und drohten, Cary Grant in einem Vaterschaftsprozeß zu nennen.
Sie wollte auf niemanden hören, der ihr riet, sie solle ihre Mutter irgendwo unterbringen. Nicht auf ihren Arzt, ihren Geistlichen, ihren Mann, auch nicht auf ihre Tante Helen, die beharrlich wiederholte: »Ethel, du mußt das einsehen, Jenny hat längst nicht mehr beide Beine auf der Erde. Sie ist zwar meine Schwester, und ich hänge an ihr, aber ich sage dir, normale Leute geben Kindern, die vor dem Haus gesungen haben, nicht eine Dose Tomatenmark!«
Ethel verteidigte sie. »Ich bin schuld. Die Küche war dunkel, da hat sie nach der ersten Dose gegriffen, die sie fand.«
Ethel fühlte sich von der Sorge um die Zukunft der Mutter belastet. Wann war die Verantwortung ihr eigentlich zugefallen? Auf der Beerdigung ihres

Vaters vor drei Jahren, als sie ihrer Mutter den Arm um die Schultern legte und versprach, für sie zu sorgen? Nein, nein, es war schon länger her, daß die Mutter das Kind und das Kind die Mutter geworden war.
Schon bald nach ihrer Heirat hatte sie angefangen, so etwas wie ein Echo aus der Kindheit zu hören.
»Mutter, bist du noch nicht fertig? Der Doktor wartet nicht, weißt du?« (Ethel! Trödel nicht! Sonst ist die Schule vorbei, ehe du hinkommst!)
»Komm am Mittwoch herüber, dann mache ich dir eine Heimdauerwelle.« (Halt still, Ethel, und ich rolle dir die Haare ein, dann kriegst du Locken!)
»Probier mal das Kleid, Mutter, das macht dich jünger.« (Mir egal, was du sagst, Fräuleinchen, dieses Kleid ist zu erwachsen für dich. Versuch mal das hier!)
»Mutter bekommt den Obstsalat. Sie glaubt, sie möchte lieber das Kalbfleisch in Parmesan, aber dann kann sie wieder die ganze Nacht nicht schlafen.« (Ich kenne ein kleines Mädchen, bei dem sind die Augen größer als der Magen!)
Erst leistete die Mutter Widerstand, doch dann fügte sie sich zwanglos in ihre Rolle. Nach einer Weile mußte Ethel, weil die Mutter das Gedächtnis verloren hatte, für sie Telefonnummern wählen, ihre Kaffeetasse nur halbvoll gießen und bei einer Notbremsung automatisch den Arm ausstrecken, damit sie nicht vornüberfiel.
Die Übertragung der Autorität war vollständig.
Die Gedächtnislücken bei der Mutter waren unregelmäßig. Eben noch wußte Jenny Bissen für Bis-

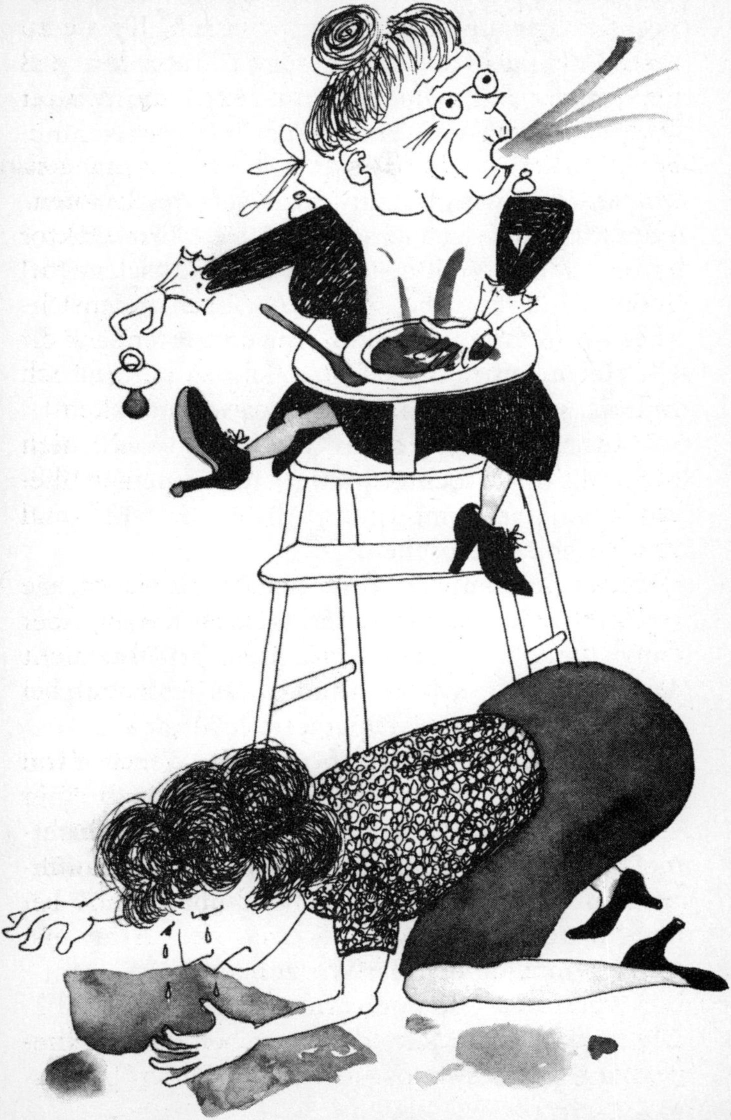

sen, was es vor vierzig Jahren bei einem Diner gegeben hatte, und Sekunden später sprach sie von ihrem Enkel als »dieser Dingsda«. Ethel zählte gar nicht mehr mit, wie oft ihre Mutter mit dem Kaffeesatz auch den Einsatz der Kaffeemaschine weggeworfen hatte.

Mit der Zeit wurde Jenny zänkisch, reizbar und gegen Ethel geradezu feindselig. Sie erklärte jedem, der es hören wollte, daß Ethel sie schamlos bestehle und versuche, sie umzubringen, indem sie ihr etwas in ihre Weizenkleie mische. Ihrer Schwester Helen vertraute sie an: »Ich will lieber an Verstopfung eingehen als vergiftet werden.«

Eines Abends äußerte sie in Gegenwart von Gästen weinend, ihre Tochter hätte sie unmenschlich gequält und gezwungen, ein Ali-McGraw-Festival im Fernsehen anzusehen.

Die Anschuldigungen zerrissen Ethel das Herz. Irgendwann kam es zu einer Krise. Als ihr Mann Jenny vom Wahllokal heimgefahren hatte, sagte er: »Du, hör mal, mit Jenny muß etwas geschehen.« »Wieso, was hat sie denn angestellt?« fragte Ethel. »Sie hat eben demokratisch gewählt. Wenn sie es wüßte, wäre es ihr Tod.«

Acht Monate später begleitete Ethel ihre Mutter ins Pflegeheim ›Abendruhe‹. Als sie ihr den Koffer aufs Zimmer trug, meinte sie: »Ein hübsches Zimmer, Mutter.«

»Es ist winzig und voller Wanzen«, sagte die Mutter. »Warum hast du mich nicht auf eine Eisscholle gesetzt und ins Meer hinaustreiben lassen? So machen es die Eskimos.«

»Das würde ich nie tun, Mutter«, sagte sie müde.
»Du hast bestimmt all meine Kristallgläser verkauft, was? Warte nur, eines Tages wirst auch du alt.«
»Ich bin jetzt schon alt, Mutter.«
»Stimmt. Hast du meinen Pelzmantel eingepackt?«
»Wir haben Juli. Du brauchst ihn doch jetzt nicht. Ich bring ihn dir, sobald es kalt wird.«
»Das hast du schon mal gesagt. Warum gibst du nicht zu, daß du ihn verkauft hast?«
Ethel lehnte sich im Stuhl zurück und legte den Kopf auf die Lehne. War ihr noch etwas geblieben außer Frust, Gekränktsein und Scham?
Sie tat etwas Schreckliches. Sie schob die eigene Mutter ab, überantwortete sie fremden Händen. Ihre Mutter hatte ihr ganzes Leben geopfert, um sie großzuziehen, und jetzt floh Ethel vor ihren Verpflichtungen. Aber sie war zu erschöpft, um mit einem Menschen, den sie gar nicht kannte, Beziehungen zu unterhalten. Ihre Mutter lebte in einer seltsamen, anderen Welt und das seit längerer Zeit. Es war eine Welt, die die Vergangenheit noch einließ, aber die Gegenwart und die Zukunft nicht mehr. Ethel hatte sich bemüht, sie aber dort nicht mehr erreicht. Sie wollte es auch kaum mehr. Sie wollte die frühere Welt, die von damals, als ihre Mutter noch gütig und normal gewesen war. Ob diese Fremden die Welt ihrer Mutter begreifen würden?
Eine Pflegerin kam herein und sagte: »Jenny, haben Sie alles, was Sie brauchen?«

»Haben Sie meine Armbanduhr gestohlen?« fragte Jenny, und ihre Augen zogen sich zu Schlitzen zusammen.
»Aber ja. War sie wertvoll?«
Jenny stand so dicht neben ihr, daß sie sich beinahe berührten, und sah ihr forschend in die Augen.
»Ich hatte sie von Cary Grant. Ich habe ihn bei einem Vaterschaftsprozeß genannt, und da hat er versucht, mich durch Bestechung zum Schweigen zu bringen.«
»Genauso ist es mir mit Clint Eastwood gegangen«, sagte die Pflegerin.
Nebeneinander gingen sie aus der Tür, und Jenny flüsterte ihr zu: »Clint Eastwood? Ist das der, der dauernd schielt?«
Ethel sah ihnen eine Weile nach, wischte sich dann die Tränen aus den Augen und riß sich zusammen. Vielleicht würde es doch irgendwie gehen. Vielleicht erinnerte sie ihre Mutter beständig an die alte Welt, die Welt, die sie mißtrauisch und wirr gemacht hatte. Vielleicht attackierte sie sie deshalb mit solcher Vehemenz. Na ja, sie würde morgen darüber nachdenken, wenn sie ihrer Mutter den Pelzmantel brachte.

Erma

Was antwortet eine Mutter auf die Frage, wie es denn gewesen sei, Erma Bombeck zur Welt zu bringen? »Ein Vergnügen war's nicht, aber irgendwer mußte es ja tun.«

Dieses Buch wäre nicht vollständig, ohne ein Kapitel über meine Mutter, die in diesem Augenblick darin blättert, um festzustellen, ob sie auch erwähnt wird.
Zu den Ausdrücken, die mir bei dem Wort ›Mutter‹ durch den Kopf gehen, gehören: Schachtelaufbewahrer, fette Sauce auf Diätbrot, richtige Wörter an den falschen Stellen (Euer Großvater ist aus Irland hier einmigräniert), Kandidatin für die erste Zungenverpflanzung, Mut und Liebe im Überfluß. Meine Mutter ist in einem Waisenhaus aufgewachsen, sie heiratete mit vierzehn, war mit fünfundzwanzig Witwe, blieb mit zwei Kindern und einer Schulbildung von nur vier Klassen allein zurück. Ihrer Länge und ihrem Gewicht nach, die auf ihrer Versicherungspolice vermerkt sind, müßte sie Stürmer bei einer Baseballmannschaft sein. Sie hat zu wenig Eisen im Blut, ihre eine

Schulter hängt tiefer als die andere, und sie kaut Nägel.
Sie ist die schönste Frau, die ich je gesehen habe.
Ich weiß nicht mehr genau, wie alt sie ist. Also sagen wir dreiunddreißig und lassen es dabei.
In den Jahren meines Erwachsenwerdens gab es gute und schlechte Zeiten, aber als ich ihr drei Kinder schenkte, festigte sich unsere Beziehung. Es gibt keinen Zweifel, ihre Enkel sind die Erfüllung ihrer Gebete: der Gebete um Vergeltung.
Kein Mensch ist ein leidenschaftlicher Anhänger des Gesetzes, das uns die Redefreiheit garantiert, aber ich muß sagen, auch das Schweigegebot bekommt für mich immer mehr Reiz.
Sind meine Kinder in der Nähe, dann »singt« Oma nämlich, und zwar wie ein Kanarienvogel.
Ich hätte nie gedacht, daß sie sich einmal gegen mich wenden würde. Als ich in einem Meer von Windeln, Fläschchen und ständigem Gespucke beinahe unterging, hatte Mutter nichts Eiligeres zu tun, als ihre Enkel auf den Schoß zu ziehen und zu sagen: »Jetzt will ich dir mal erzählen, wie schlimm deine Mami war. Die wollte nie Mittagsschläfchen halten, hat nie ihr Zimmer aufgeräumt und hat Ausdrücke gebraucht wie ein betrunkener Seemann in Shanghai. Ich hab ihr so oft den Mund mit Seife ausgewaschen, daß ich ihr zum Schluß die Zunge stärken mußte.«
Bei anderen Gelegenheiten aber steht sie auf meiner Seite, und ihre Anwesenheit ist ein Trost.
Ich erinnere mich noch — damals war ich in den Zwanzigern —, als wir im Korridor eines Kranken-

hauses standen und darauf warteten, daß ein Arzt meinem Sohn 21 Stiche am Kopf verpaßte. Ich fragte sie: »Mom, hör mal, wann hören diese Sorgen eigentlich auf?« Sie lächelte nur und sagte gar nichts.
In meinen Dreißigern saß ich auf einem Schemel im Klassenzimmer und hörte mit eigenen Ohren, wie eines meiner Kinder dauernd dazwischenredete, den Unterricht störte und auf dem besten Weg war, später Tüten kleben zu müssen. Da fragte ich sie: »Mom, wann endet das?«
Sie sagte nichts.
Als ich in den Vierzigern war, verbrachte ich die Hälfte meiner Zeit mit Warten – darauf, daß das Telefon klingelte, daß die Wagen heimkamen, daß die Haustür ging. Ich rief sie an und jammerte: »Wann hört das auf?«
Es kam keine Antwort.
Im Alter von fünfzig hatte ich es dann wirklich satt, so empfindsam zu sein und mir so viel Kummer um meine Kinder zu machen. Ich wünschte mir, sie wären schon alle verheiratet, damit ich aufhören durfte, mich zu sorgen, und anfangen konnte, mein eigenes Leben zu führen. Doch mich verfolgte das Lächeln meiner Mutter, und ich konnte nicht umhin, daran zu denken, wie sie mich voller Besorgnis angesehen und gesagt hatte: »Du bist blaß. Ist auch bestimmt alles in Ordnung? Bitte ruf mich gleich an, wenn du daheim bist, ich bin in Unruhe.«
Sie hatte versucht, mir etwas beizubringen, das ich nicht hatte hören wollen, nämlich: »Es hört *nie* auf.«
Als mein erstes Buch erschien, fuhr sie mit mir nach New York, wo im Fernsehen meine Feuertaufe

stattfinden sollte. Ich hatte eine Todesangst. Als sie den Reißverschluß meines Kleides zuzog, sagte ich: »Ich glaube, das schaffe ich nicht«, und sie drehte mich zu sich herum und sagte: »Wenn du dort hingehst und dich bemühst, etwas zu sein, was du gar nicht bist, kannst du recht haben. Dann geht es mit Pauken und Trompeten daneben. Du kannst nur eines tun: ganz du selber sein.«
An diesem Abend ging ich hin und befolgte ihren Rat. Ich war ich selbst: Ich haute derart daneben, daß es zehn Jahre dauerte, ehe man mich wieder ins Fernsehen bat.
Mutter meinte dazu nur: »Ich versteh sowieso nichts davon, ich bin nur mitgefahren, um Besorgungen zu machen.«
An meiner Mutter ist vieles bewundernswert. Ihre Fähigkeit zu staunen zum Beispiel, und das im Alter von 33 oder wie alt sie ist. Sie ist immer noch interessiert an Menschen, auf Neues neugierig und freut sich auf Weihnachten. Ihre Offenheit ist unglaublich. Eines Tages klopfte der Reporter irgendeines Käseblättchens an ihre Tür und wollte etwas über ihre Tochter wissen, was das Publikum noch nicht wußte. Mutter bat ihn herein, setzte ihm Kaffee vor und erzählte ihm meine Lebensgeschichte — angefangen von den ersten Wehen — in allen Einzelheiten. Nach ungefähr drei Stunden (sie war bei meiner Erziehung zur Sauberkeit) wurden ihm die Zähne stumpf, und er bat, sich verabschieden zu dürfen. Mutter bestand darauf, ihm noch eine Tüte Selbstgebackenes mitzugeben. Er kam nie wieder.

Ich glaube, jedes Kind merkt sich eine besondere Tugend der Mutter oder eine besonders weise Lebensregel, ein Wort, das ihre Kinder vor Unheil bewahrt oder ihren Lebensweg entscheidend erleichtert hat.
Ich liebe meine Mutter für die vielen Gelegenheiten, bei denen sie absolut nichts sagte.
Für die Gelegenheiten, bei denen ich mich blamierte, eine fürchterliche Fehlentscheidung traf oder einen Standpunkt einnahm, der mich teuer zu stehen kam.
Ich habe weiß Gott jeden Fehler gemacht, den man nur machen kann, angefangen vom Kauf des Wagens, der schon 120 000 km draufhatte bis zu dem Entschluß, meinem Chef entgegenzuschleudern: »Ich habe diesen Job nicht nötig.«
Wenn ich mir alles wieder ins Gedächtnis zurückrufe, komme ich darauf, daß es der allerschwerste Teil des Mutterseins gewesen sein muß: zu wissen, wie es ausgeht, und doch nicht das Recht in Anspruch zu nehmen, mir meinen Weg vorzuschreiben.
Ich danke ihr für alle Tugenden, am meisten aber dafür, daß sie kein einziges Mal gesagt hat: »Also, ich habe dich gewarnt!«

Epilog

Als der liebe Gott die Mutter schuf

Als der liebe Gott die Mutter schuf, machte er bereits den sechsten Tag Überstunden. Da erschien der Engel und sagte: »Herr, Ihr bastelt aber lange an dieser Figur.«
Der liebe Gott sprach: »Hast du die speziellen Wünsche auf der Bestellung gelesen?
— Sie soll vollwaschbar, darf aber nicht aus Plastik sein;
— sie soll 160 bewegliche austauschbare Teile haben;
— sie soll von Essensresten und schwarzem Kaffee leben können;
— sie soll einen Schoß haben, den man nicht mehr sieht, wenn sie aufsteht;
— ihr Kuß soll alles heilen, vom Beinbruch bis zum Liebeskummer;
— sie soll sechs Paar Hände haben.«
Da schüttelte der Engel verwundert den Kopf und sagte: »Sechs Paar Hände? Das wird kaum zu machen sein, oder?«
»Die Hände machen mir kein Kopfzerbrechen«,

sagte der liebe Gott. »Aber die drei Paar Augen, die eine Mutter haben muß!«
»Gehören die denn zum Standardmodell?« fragte der Engel.
Der liebe Gott nickte. »Ein Paar, das durch geschlossene Türen blickt, während sie fragt: ›Was macht ihr Gören denn da drin?‹, obwohl sie es längst weiß. Ein zweites Paar im Hinterkopf, mit dem sie sieht, was sie nicht sehen soll, aber wissen muß. Und natürlich noch dieses Paar hier vorn, aus denen sie ein Kind ansehen kann, das sich unmöglich benimmt, und die sagen: ›Ich verstehe dich und habe dich sehr lieb‹, ohne daß sie ein einziges Wort spricht.«
»O Herr«, sagte der Engel und zupfte ihn leise am Ärmel. »Geht schlafen. Macht morgen weiter.«
»Ich kann nicht«, sprach der liebe Gott, »denn ich bin nahe daran, etwas zu schaffen, das mir einigermaßen ähnelt. Ich habe bereits geschafft, daß sie sich selber heilt, wenn sie krank ist, daß sie eine sechsköpfige Familie mit einem Pfund Gehacktem satt bekommt und einen Neunjährigen dazu bewegen kann, sich unter die Dusche zu stellen.«
Der Engel ging langsam um das Modell der Mutter herum. »Zu weich«, seufzte er.
»Aber zäh«, sagte der liebe Gott energisch. »Du glaubst gar nicht, was diese Mutter alles leisten und aushalten kann.«
»Kann sie denken?«
»Nicht nur denken, sondern sogar urteilen und Kompromisse schließen«, sagte der Schöpfer.
Schließlich beugte sich der Engel vor und fuhr mit

einem Finger über die Wange des Modells. »Da ist ein Leck«, sagte er. »Ich habe Euch ja gesagt, Ihr versucht, zu viel in dieses Modell hineinzupacken.«

»Das ist kein Leck«, sagte der liebe Gott, »das ist eine Träne.«

»Wofür ist die?«

»Die fließt bei Freude, Trauer, Enttäuschung, Schmerz, Verlassenheit und Stolz.«

»Ihr seid ein Genie«, sagte der Engel.

Da blickte der liebe Gott traurig. »Die Träne«, sagte er, »ist nicht von mir.«